nicolai museum für kinder

Das ist die allererste gemalte Ansicht von
Schloss Sanssouci. Sie stammt von dem
Maler Charles Sylva Dubois und schmückt
das Konzertzimmer des Schlosses (Seite 31).

Cornelia Vossen

SANSSOUCI

Ein Schloss, ein Park, ein König und seine Hunde

Herausgegeben von Waldtraut Braun

nicolai

Inhalt

6 **Ein zauberhafter Ort**
8 **Die Herren von Sanssouci**

Der Weg zum Schloss

10 **Ein Platz an der Sonne**   Der Weinberg
12 **Ein wohlgehütetes Geheimnis**   Die Gruft
14 **Freilufttheater**   Die Gartenseite des Schlosses
16 **Ein Plan wird Wirklichkeit**   Grundriss
18 **Majestät lassen bitten!**   Die Hofseite des Schlosses

Das Schloss

20 **Hereinspaziert …**
22 **Fehlt da nicht was?**   Das Vestibül
24 **Der Mittelpunkt von Sanssouci**   Der Marmorsaal
26 **Tischgespräche**
28 **Kalte Füße**   Das Empfangs- und Speisezimmer
30 **Ein Zimmer nur für die Musik**   Das Konzertzimmer
32 **Vorsicht Spinnweben!**
34 **So weit das Auge reicht**
36 **Des Zimmers neue Kleider**   Das Arbeits- und Schlafzimmer
38 **Etwas für Kunstdetektive**
40 **(K)ein Hundeleben**
42 **Fast ein Geheimzimmer**   Die Bibliothek
44 **Der Philosoph von Sanssouci**

46	**Das kleine Schlossmuseum**	Die Kleine Galerie
48	**Seht ihr, ...**	
50	**Ausflug nach China**	Das Chinesische Haus
54	**Noch mehr Chinesen**	Das Erste Gästezimmer
56	**Von Türen und Toren**	Das Zweite und Dritte Gästezimmer
58	**Im Reich der Tiere**	Das Vierte Gästezimmer (Voltaire-Zimmer)
60	**Der berühmteste Gast von Sanssouci**	

Der Park

62	**Hurra, ...**	Kleine Übersichtskarte
64	**Es klappert die Mühle ...**	Die Mühle
66	**Waschen, Schneiden, Legen**	Der Weinberg
68	**Wasser, marsch!**	Die Große Fontäne
70	**Gartenvolk aus Stein**	
72	**Blick zurück nach vorn**	Der Ruinenberg
74	**Park Sanssouci**	Große Übersichtskarte
76	**Zu guter Letzt**	Die Gräber
78	Kleines Lexikon	
83	Des Rätsels Lösung	
84	Adressen & Hinweise	
85	Bildnachweis	
87	Bastelbogen	

Ein zauberhafter Ort

Es gibt ein Zauberwort, das braucht ihr nur zu sagen, und schon bekommen viele Erwachsene leuchtende Augen. Es kommt aus der französischen Sprache und heißt: »Sanssouci«. Damit das mit den leuchtenden Augen funktioniert, müsst ihr das Wort ein bisschen durch die Nase sprechen, also etwa so: »ßong-ßu-ßi«.

Manche Erwachsene kennen dieses Zauberwort und den Ort, der sich dahinter verbirgt, allerdings noch nicht. Die solltet ihr dann überreden, mal mit euch nach Sanssouci zu fahren. Wundert euch nicht, wenn die anderen Besucher, denen ihr dort begegnet, immer ein wenig lächeln. Denn »sans souci« bedeutet »ohne Sorge«, und genau so fühlen sich fast alle, die einen Tag in diesem Park und dem Schloss mit Namen Sanssouci verbringen.

Sanssouci ist ein ganz besonderes Schloss. Es liegt auf einem Weinberg und krönt ihn wie eine große gelbe Sonne. Hier gibt es keine zweihundert Zimmer, so wie ihr das

souci.

vielleicht von anderen Schlössern kennt. Das Garten- (oder, wie man sagt: Lust-) Schloss, das der berühmte König Friedrich vor über 250 Jahren während der Sommermonate bewohnte, ist mit zwölf Wohnräumen sogar ziemlich klein. Innen wirkt es ganz märchenhaft, denn alles ist von einem Netz von Blumenranken, Blättern und – Spinnweben überzogen! Doch wer jetzt glaubt, das läge daran, dass seit 1873 niemand mehr im Schloss gewohnt hat, der irrt: Zu seinen Bewohnern zählen neben Spinnen auch Störche, Papageien, Kinder, Göttinnen und ein paar ziemlich freche Hunde ...

 Sie alle wirken am Zauber von Sanssouci mit. Um ihm auf die Spur zu kommen, müsst ihr eure Augen nur ganz weit aufmachen. Achtet dabei besonders auf die Hunde, sie kennen sich hier am besten aus. Die Übersichtspläne auf den Seiten 16 und 62 helfen euch, den Weg durch das Schloss und den Park zu finden. Der knobelnde Hund lädt zum Suchen und Mitspielen ein (und verrät die Lösungen auf Seite 83). Und im Lexikon am Ende des Buches werden all die Begriffe erklärt, die mit einem Sternchen* versehen sind. Hier könnt ihr auch noch etwas zu den anderen Gebäuden im Park erfahren. Doch jetzt viel Spaß!

Die Herren von Sanssouci

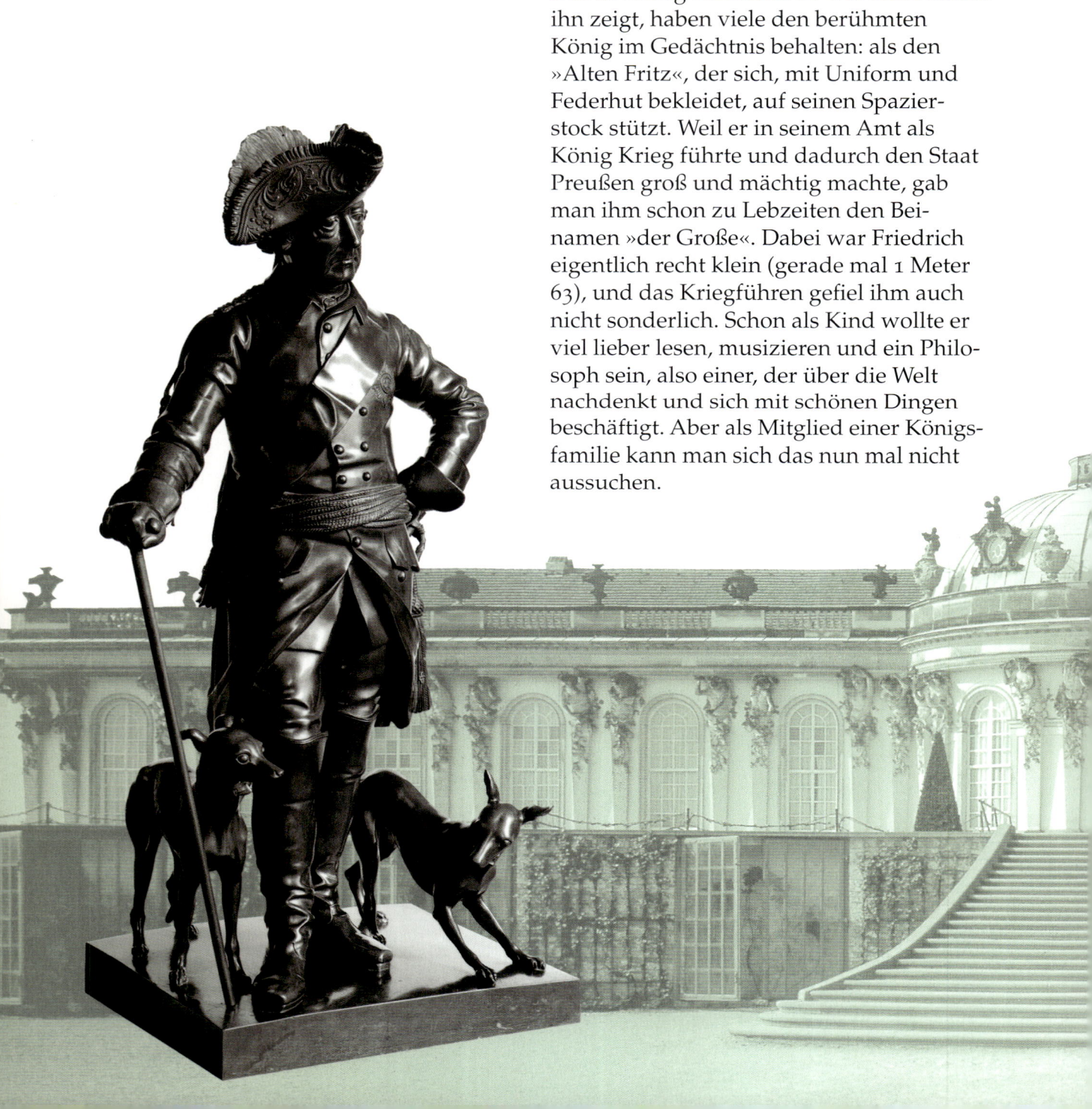

Das ist König Friedrich. So wie diese Statue ihn zeigt, haben viele den berühmten König im Gedächtnis behalten: als den »Alten Fritz«, der sich, mit Uniform und Federhut bekleidet, auf seinen Spazierstock stützt. Weil er in seinem Amt als König Krieg führte und dadurch den Staat Preußen groß und mächtig machte, gab man ihm schon zu Lebzeiten den Beinamen »der Große«. Dabei war Friedrich eigentlich recht klein (gerade mal 1 Meter 63), und das Kriegführen gefiel ihm auch nicht sonderlich. Schon als Kind wollte er viel lieber lesen, musizieren und ein Philosoph sein, also einer, der über die Welt nachdenkt und sich mit schönen Dingen beschäftigt. Aber als Mitglied einer Königsfamilie kann man sich das nun mal nicht aussuchen.

Ja, und zu denen gehören auch wir. Habt ihr uns schon entdeckt? Gestatten: Alkmene und Hasenfuß. Diese Namen hat König Friedrich uns verpasst, und der Bildhauer Johann Gottfried Schadow hat sie zu unserem Verdruss auch noch auf unseren Halsbändern festgehalten. Mal im Ernst: Wer möchte schon Hasenfuß heißen? Aber abgesehen von diesem kleinen Schönheitsfehler war das Leben, das wir zusammen mit den anderen Windhunden auf Sanssouci führten, durchaus kein Hundeleben! Welcher Hund verfügt schließlich schon über einen eigenen Diener? Im Lustschloss Friedrichs des Großen hatten wir alle Freiheiten – und jede Menge Spaß ...

Ja, und zu denen gehören auch wir. Habt ihr uns schon entdeckt? Gestatten: Alkmene und Hasenfuß. Diese Namen hat König Friedrich uns verpasst, und der Bildhauer Johann Gottfried Schadow hat sie zu unserem Verdruss auch noch auf unseren Halsbändern festgehalten. Mal im Ernst: Wer möchte schon Hasenfuß heißen? Aber abgesehen von diesem kleinen Schönheitsfehler war das Leben, das wir zusammen mit den anderen Windhunden auf Sanssouci führten, durchaus kein Hundeleben! Welcher Hund verfügt schließlich schon über einen eigenen Diener? Im Lustschloss Friedrichs des Großen hatten wir alle Freiheiten – und jede Menge Spaß ...

Lesen und Flötespielen wurden ihm von seinem Vater streng verboten. Täglich ließ er eine Kanone vor dem Fenster seines Sohnes abfeuern, um ihn als seinen Nachfolger schon mal an den Lärm der Schlachten zu gewöhnen. Armer Friedrich! Nach einem gescheiterten Fluchtversuch blieb ihm nichts anderes übrig, als sich dem Willen seines Vaters zu beugen.

Mit 28 Jahren – genau am 31. Mai 1740 – wurde Friedrich König von Preußen. Er wurde ein strenger König wie sein Vater und führte einige Kriege. Als Ausgleich aber schuf er sich schon bald den Ort seiner Träume, an dem er wenigstens von Zeit zu Zeit »ohne Sorge« leben wollte: Schloss Sanssouci. Sicher könnt ihr euch vorstellen, wofür in diesem Schloss Platz sein sollte? Richtig! In Sanssouci wollte er nicht mit seinem Hofstaat und seinen Ministern leben. Dafür hatte er ja schon seine anderen Schlösser in Berlin, Charlottenburg und Potsdam, wo er die Wintermonate verbrachte. Nein, ein kleines Sommerschloss im Grünen wünschte sich Friedrich – ein Schloss nur für sich, seine Bücher, seine Bilder, die Musik und für seine liebsten Freunde.

Ein Platz an der Sonne

Wenn Friedrich neue Schlösser, Opernhäuser oder Gärten bauen ließ, wollte er immer bei allem mitbestimmen. Das war für seinen Baumeister Knobelsdorff gar nicht so einfach, denn Friedrich war ziemlich eigensinnig. Erst recht natürlich, wenn es um sein Traumschloss ging! Deshalb hat Friedrich auf der Zeichnung, die ihr auf der rechten Seite seht, auch höchstselbst skizziert, wie er sich sein Sanssouci-Reich vorstellte.

Am wichtigsten war ihm der Weinberg. Ihr könnt ihn gut erkennen, wenn ihr die Zeichnung des Königs mit dem Kupferstich auf dieser Seite vergleicht. Ganz oben seht ihr das Schloss, das Friedrich im Grundriss gezeichnet hat. Von dort aus führen viele Stufen hinunter zu einem Brunnenbecken mit gemusterten Beeten. Der Weinberg ist in einzelnen Terrassen angelegt. Seht ihr in Friedrichs Zeichnung die Bögen an den Terrassenmauern? Das sind Nischen, die mit Fenstertüren verglast zu kleinen Treib-

Wie der Weinberg heute aussieht, seht ihr auf Seite 66.

häusern wurden. Hier wuchsen der Wein und auch empfindliche Früchte aus dem Süden wie zum Beispiel Feigen. An den Gitterwänden zwischen den Nischen ließ Friedrich Kirschen, Pfirsiche und Aprikosen anbauen. Zu seinem Platz an der Sonne sollte nämlich nicht nur die herrliche Aussicht gehören, die man von der Spitze des Weinbergs aus hat. Er liebte frisches Obst, und er wollte es täglich wachsen und gedeihen sehen! Schalen voll mit Pfirsichen, Kirschen, Orangen und Feigen sollten stets für ihn bereitstehen – Delikatessen, die sich damals nur ein König leisten konnte.

Bevor er nun sein Schloss auf den Weinberg bauen ließ, entstand jedoch noch ein ›Gebäude‹, das ihr auf keiner Zeichnung Friedrichs finden werdet. Denn das war streng geheim …

Ein wohlgehütetes Geheimnis

Psst! Könnt ihr ein Geheimnis bewahren? Auch Friedrich konnte schweigen wie ein Grab. Nur wenige Auserwählte – nämlich uns Hunde und seinen Freund Jean-Baptiste – hat er in sein Geheimnis eingeweiht. Viele Jahre später erfuhr auch der Maler Johann Christoph Frisch davon, und da malte er das Bild, das ihr rechts seht.

Unseren König habt ihr auf dem Bild sicher sofort wiedererkannt: an seiner Uniform, dem Federhut und dem Spazierstock. Neben ihm steht sein Freund Jean-Baptiste. Und ganz weit hinten, auf der Schlossterrasse, da sind wir. Vorne ist ein Arbeiter mit seinen Helfern dabei, ein paar Ziegelsteine als Befestigung um eine Grube zu mauern. Von hier aus führt eine Treppe hinab in einen unterirdischen Raum: in die Gruft, in der Friedrich einmal begraben sein wollte!

So sieht es da unten aus.

Wir waren dabei, als Friedrich mit Jean-Baptiste da am Rand seiner Gruft stand und auf Französisch sagte: »Erst wenn ich da unten bin, werde ich ›sans souci‹ – ohne Sorge – sein!« Das war mal wieder typisch Friedrich: Während wir voller Freude auf den Einzug ins Schloss Sorgenlos warteten, dachte er schon an den Tod.

Später erzählte man sich, dass Schloss Sanssouci erst auf diese Weise zu seinem Namen kam. Aber eigentlich finden wir das gar nicht so verwunderlich, denn es gibt wohl kaum einen schöneren Platz, um zu leben – und begraben zu werden – als hier oben auf dem Weinberg. Über die Gruft ließ Friedrich unsere Freundin Flora setzen, die Göttin der Blumen und des Frühlings. Im Bild seht ihr sie ganz links. Unter ihr, so dachte der König, würde wohl niemand sein Grab vermuten! Aber einen versteckten Hinweis gibt er damit doch: Denn was passiert, nachdem Blumen geblüht haben? Sie verwelken – so wie auch wir Hunde und die Menschen einmal sterben müssen.

Doch was ist das für ein Gelächter da drüben beim Schloss? Oder ächzt da jemand? Da müssen wir doch gleich mal nachsehen ... Kommt mit!

Ein kleiner Fehler hat sich in das Bild eingeschlichen, das heute im Arbeitszimmer des Königs hängt. Friedrich ließ die Gruft und den Weinberg im Jahr 1744 anlegen, den Auftrag zum Bau des Schlosses gab er jedoch erst ein Jahr später, 1745. **Was hat der Maler nicht ganz richtig wiedergegeben?**

Freilufttheater

Dass wir da nicht gleich drauf gekommen sind? Es sind natürlich mal wieder die Damen und Herren aus dem Gefolge des Weingottes Bacchus, die sich hier an der Außenwand des Schlosses so lautstark bemerkbar machen. »Och«, rufen sie und »ach, wir haben ja sooo schwer zu tragen! Wenn wir nicht wären, wer würde dann bloß das Gebälk des Schlosses stützen?« Aber das ist nur eine kleine Wichtigtuerei. Im Grunde genommen fühlt sich das Volk des Weingottes hier oben auf dem Weinberg pudelwohl. Die Musikinstrumente, das Obst und die Weinbecher verraten euch, womit sie sich ihre ›schweren‹ Stunden versüßen … Bei Wein und Gesang lachen und schwatzen sie miteinander und freuen sich in der warmen Mittagssonne ihres Lebens »sans souci«.
Die Aussicht von da oben über den Park ist aber auch – wie sie sagen – gar zu schön!

Das lustige Weinbergvolk wurde hier am Schloss ›geboren‹. Dafür ließ der Bildhauer Friedrich Christian Glume in der Werkstatt zugehauene Sandsteinblöcke an die Außenwand des Schlosses setzen. Die Figuren hat er dann am Bau aus dem Stein herausgehauen. Dass er damit ganz schön zu tun hatte, liegt auch daran, dass die Schlossfassade sehr lang ist. Dadurch hatte er insgesamt 36 Figuren zu gestalten. Paarweise schmiegen sie sich um die Rundungen der Fenstertüren, und keine sieht aus wie die andere!

Übrigens: Die Schlossfassade ist nicht ohne Grund so lang. Der König wollte nämlich, dass in seinem Schloss alle Zimmer nebeneinander liegen. Auf diese Weise konnten er und seine Gäste von jedem Zimmer aus durch die Fenstertüren direkt hinaus ins Freie treten. Friedrich legte größten Wert darauf, dass man dabei möglichst keine Stufen nehmen musste – und geriet darüber mit seinem Baumeister Knobelsdorff in einen handfesten Streit. Der meinte nämlich, dass ein Keller unter das Schloss gehört, und das hätte ein paar Stufen mehr bedeutet, als hier zu sehen sind. Natürlich bekam der König seinen Willen – und die kalten Füße gleich dazu. Mehr darüber erfahrt ihr auf Seite 28!

Ein Plan wird Wirklichkeit

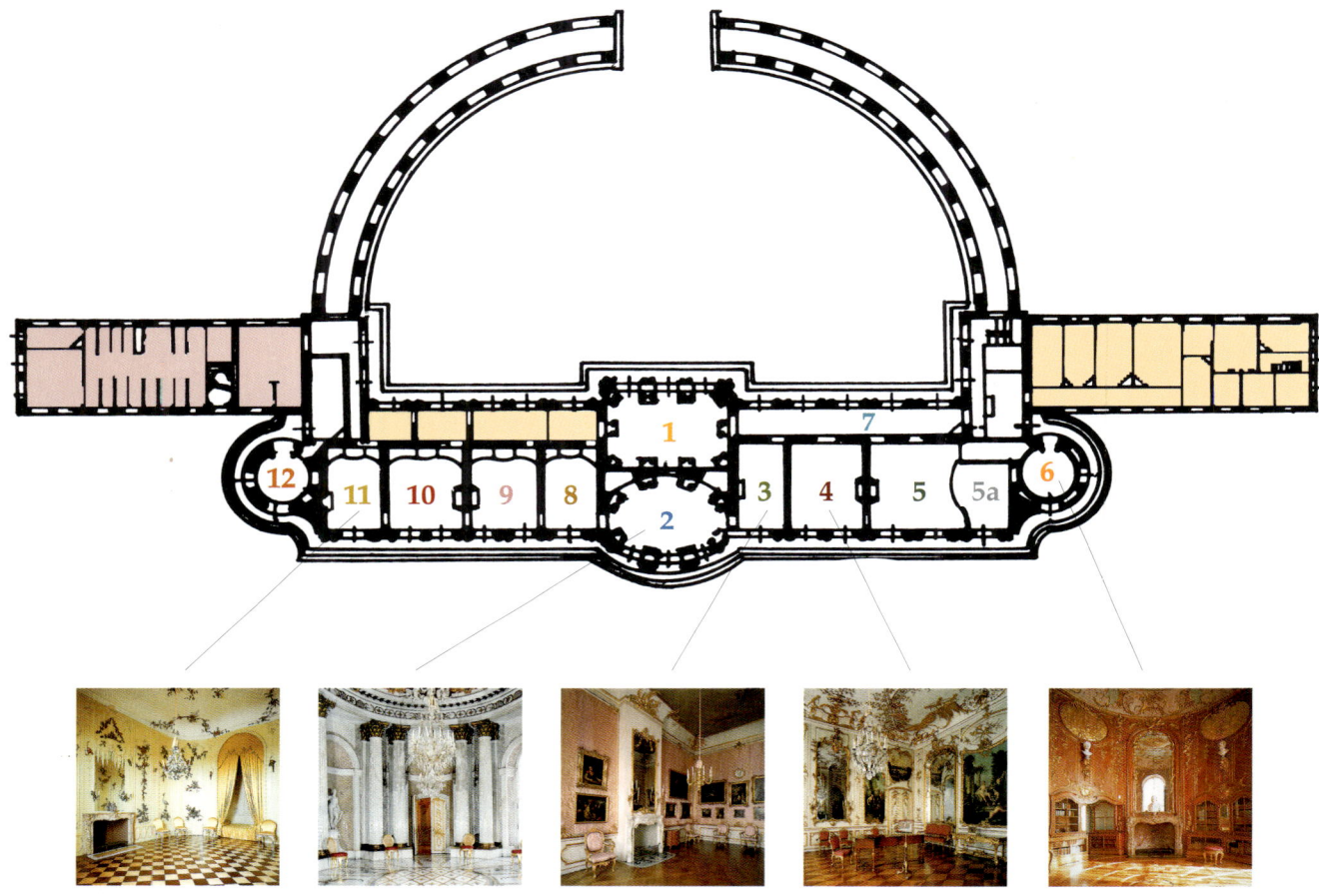

1 Vorsaal (Vestibül)
2 Marmorsaal

Die Zimmer des Königs

3 Empfangs- und Speisezimmer
4 Konzertzimmer
5, 5a Arbeits- und Schlafzimmer
6 Bibliothek
7 Kleine Galerie

Die Zimmer für die Gäste

8 Erstes Gästezimmer
9 Zweites Gästezimmer
10 Drittes Gästezimmer
11 Viertes Gästezimmer (Voltaire-Zimmer)
12 Fünftes Gästezimmer (nicht mehr zu besichtigen)

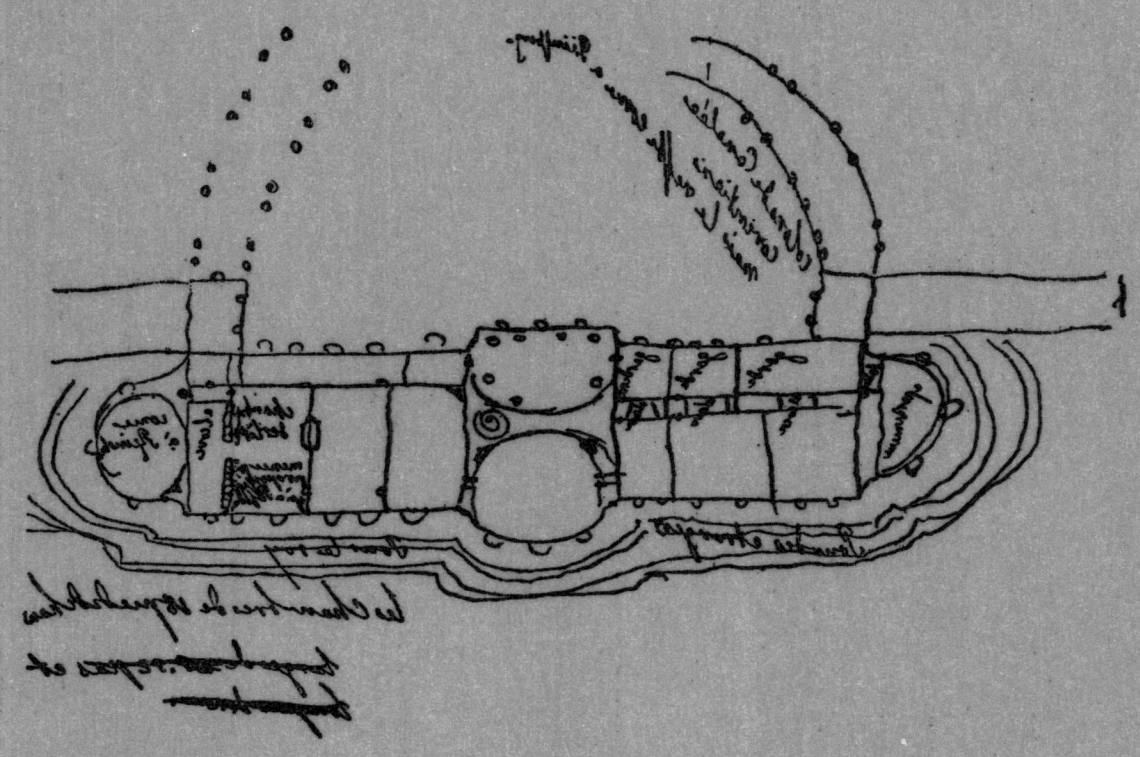

Natürlich hat Friedrich es sich nicht nehmen lassen, sein Traumschloss genau aufzuzeichnen. Wenn ihr diese Seite umschlagt, seht ihr, wie genau das fertige Gebäude mit seinen Wünschen übereinstimmt.

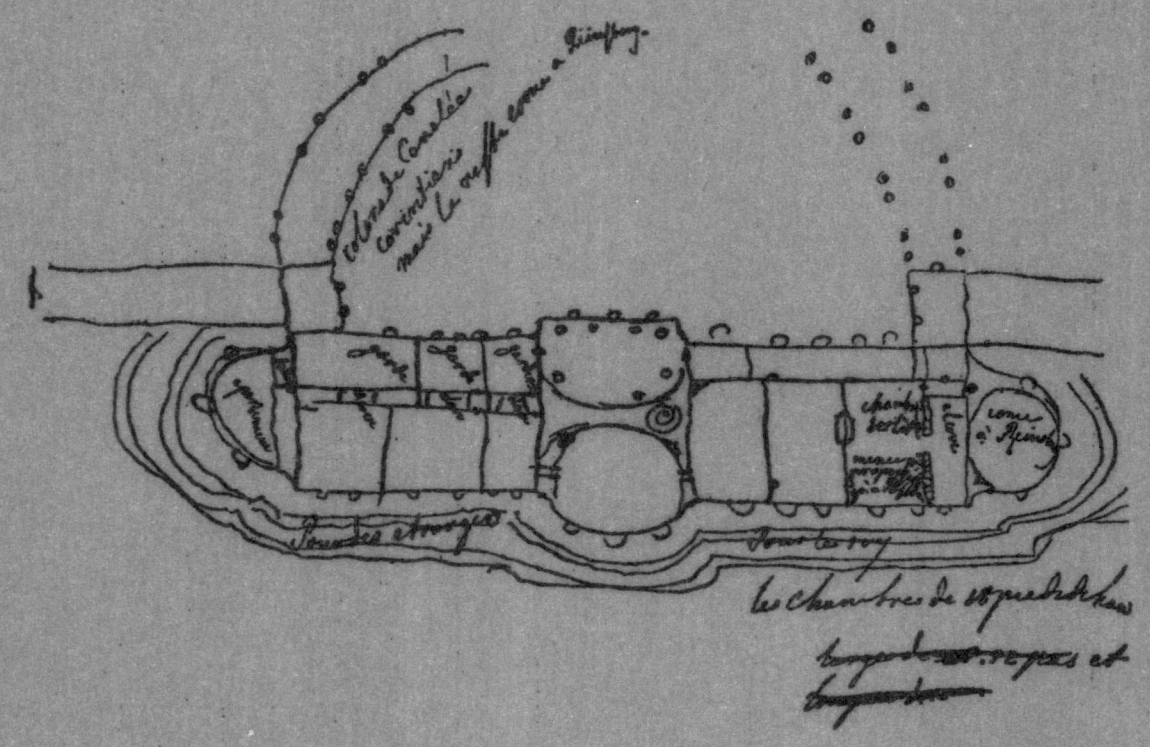

Natürlich hat Friedrich es sich nicht nehmen lassen, sein Traumschloss genau aufzuzeichnen. Wenn ihr diese Seite umschlagt, seht ihr, wie genau das fertige Gebäude mit seinen Wünschen übereinstimmt.

In der Mitte des Schlosses liegen die beiden größten und festlichsten Räume: der Vorsaal, durch den man das Schloss betritt (1), und der Marmorsaal (2). Vom Marmorsaal geht es nach rechts in die fünf Zimmer des Königs (3-7). Weitere fünf Zimmer, die für Gäste bestimmt waren, liegen genau auf der anderen Seite des Marmorsaals (8-12).

Und wo war Platz für ...

... die Königin? Friedrich war verheiratet, aber die Ehe mit Elisabeth Christine war ihm von seinem Vater aufgezwungen worden. Ob die Beiden sich mochten – danach wurde nicht gefragt. Viel wichtiger waren bei solchen Zwangsheiraten politische Überlegungen. So verwundert es kaum, dass das Paar schon bald getrennt lebte. Elisabeth Christine hat Sanssouci nie betreten.

... die Bediensteten? Sie wohnten in den zartgelb hervorgehobenen Räumen. Die Diener der Gäste hatten ihre Kammern gleich hinter den Gästezimmern. Die Bediensteten des Königs und seine Sekretäre hingegen wohnten im Seitenflügel nahe den Räumen des Königs. Viele Jahre nach Friedrichs Tod entstand hier eine Küche, die ihr noch heute besichtigen könnt.

... die Küche? Sie lag zusammen mit den Ställen in den rosa hervorgehobenen Räumen. Nach Friedrichs Tod ließ ein Nachfolger alles zum so genannten »Damenflügel« umbauen. Die dort liegenden Zimmer für Hofdamen und andere Gäste könnt ihr noch heute besichtigen.

... das Klo? Badezimmer gab es damals noch nicht, und Pudern und Parfümieren genügten den meisten Menschen. Für die ›kleine Wäsche‹ und den Gang zur Toilette brachten die Diener Waschschüsseln und Nachtstühle auf die Zimmer, die sie später wieder entfernten.

Findet ihr selbst heraus, wo Platz war für ...
... Friedrichs Bücher?
... Friedrichs Bilder?
... Friedrichs Flöten?
(Tipp: Sie alle bekamen von Friedrich ein eigenes Zimmer ...)

Im Säulengang um den Ehrenhof kann man auf- und abwandeln.

Majestät lassen bitten!

Das, was ihr bisher vom Schloss gesehen habt, war – seine Rückseite! Die Vorderseite seht ihr hier. Elegante Säulen und Wandpfeiler schmücken diese Seite des Schlosses. Denn wenn Majestät bitten ließ, brauchte es schon einen etwas würdigeren Empfang ... Der Kupferstich (unten) zeigt die Auffahrtsrampe, über die die Kutschen der Gäste in den Schlossvorplatz einfuhren. Nicht umsonst nennt man ihn den »Ehrenhof«: Majestätisch wird er in einem Halbkreis von paarweise stehenden Säulen umschlossen. Sie sind überdacht und bilden so eine Halle, in der man auf- und abwandeln und die Ausblicke in die Landschaft genießen kann. Am Schloss selbst setzen die Säulen sich als Wandpfeiler fort. Genau in der Mitte ragt der Bau ein bisschen vor: Dort befindet sich auch heute noch der Haupteingang des Schlosses.

Seht ihr auch die einfacher gehaltenen Anbauten links und rechts vom Schloss? In diesen »Seitenflügeln« lagen (links) die Zimmer der Bediensteten und (rechts) die Küche sowie Vorratsräume und Pferdeställe. Da der König täglich Gäste hatte, herrschte hier schon ab vier Uhr morgens geschäftiges Treiben. Dann erreichten mit Lebensmitteln und Feuerholz beladene Pferdewagen aus Potsdam und Umgebung das Schloss. Sie fuhren jedoch nicht über den vornehmen Ehrenhof an, sondern nahmen die seitliche Rampe rechts vom Schloss, über die auch heute noch viele Besucher den Schlossbereich betreten. Da die Rampe sehr steil war, mussten die Kutscher ihre Pferde mit lauten Rufen antreiben, bis sie bei den Küchenräumen angelangt waren.

Die Seitenflügel und die dahinterliegenden Gitterlauben hatten übrigens auch noch eine andere Funktion: Sie sollten den König und seine Gäste auf der Schlossterrasse vor allzu neugierigen Blicken schützen. Sanssouci lockte nämlich schon zu Friedrichs Lebzeiten touristische Besucher an. Sie kannten sein Traumschloss von Kupferstichen wie diesem hier, die man durch Guckkästen auf Jahrmärkten vergrößert betrachten konnte.

Hereinspaziert ...

Weit geöffnete Türen laden euch ein, nun das Schloss mal etwas genauer unter die Lupe zu nehmen. Das ist ganz wörtlich gemeint, denn manche Dinge entdeckt man erst auf den zweiten Blick. Allein die Türen sind über und über geschmückt mit vergoldeten Holzschnitzereien. Da finden sich Musikinstrumente, Weintrauben, Häuser, aus denen Pfeiler wachsen, die (ähnlich wie an der Schlossfassade) zwei lächelnde Damen aus dem Volk des Weingottes tragen. Eine Art Laubengitter beschirmt die Beiden – oder ist es eine Welle, ein Blätterzweig? Verzierungen wie diese, die in ihrer Grundform an ein »c« oder an eine Muschel erinnern, findet ihr überall im Schloss. Man nennt sie Rocaillen* [sprich: rokaijen], was auf Französisch »Muschelwerk« bedeutet. Nicht zufällig gaben sie einem ganzen Zeitabschnitt seinen Namen: dem Rokoko*. Denn so verspielt und zierlich die Rocaillen aussehen, so leicht und elegant wollten die Menschen an den Königshäusern in dieser Zeit leben.

Nur ein Jahr hatten die Künstler Zeit, die Zimmer von Sanssouci auszuschmücken, denn König Friedrich hatte es wie immer eilig.

Bei den vielen Rocaillen könnt ihr euch sicher vorstellen, wie viel da allein schon die Holzbildhauer, die Vergolder, Bronzearbeiter und Stuckateure* zu tun hatten – ganz zu schweigen von den Möbelbauern, Seidenwebern, Malern und Bildhauern! Sie arbeiteten so eng zusammen, dass man heute oft nicht mehr so genau unterscheiden kann, was von wem gemacht wurde. Am 17. Mai 1747 war es dann endlich soweit: Trotz noch vorhandener kleinerer Baustellen verbrachte Friedrich mit seinen Hunden die erste Nacht auf Sanssouci.

Heute betritt man das Schloss auf leisen Sohlen: Am Eingang erhält man etwas zu groß geratene Filzpantoffeln, die man über die Schuhe zieht. Sie sollen helfen, den wertvollen Boden zu schonen und – die netten Schlossbewohner nicht zu erschrecken, auf die man gleich im ersten Saal trifft ...

Fehlt da nicht was?

Flora, die Göttin der Blumen

Stellt euch vor, ihr würdet das Schloss betreten und gleich mittendrin stehen in einem sehr festlichen Saal. Dort wären der König und seine Gäste zum Beispiel beim Essen – erstaunt und etwas verärgert darüber, dass da einfach so jemand zur Tür hineinplatzt ... Das wäre euch dann sicher ein bisschen peinlich, und ihr würdet denken: Fehlt hier nicht was? Na klar! Auch in Wohnungen betritt man in der Regel zunächst einen Vorraum: eine Diele oder einen Flur. In Sanssouci ist das nicht anders, nur ist der Vorraum hier ein Vorsaal und heißt Vestibül*.

Das Vestibül seht ihr hier. Beeindruckend hohe Säulen schmücken es. Kommen sie euch bekannt vor? Es sind die gleichen Säulenpaare wie die, die den Hof und die Eingangsseite des Schlosses umgeben. Mit ihren vergoldeten ›Köpfen‹ (Kapitellen*) und ›Füßen‹ (Basen*) wirken sie hier, wo spiegelnder Marmor den Fußboden bedeckt, noch majestätischer als draußen im Freien. So weiß man gleich, dass man diesem Haus und seinen königlichen Bewohnern mit dem nötigen Respekt begegnen soll.

Das galt auch für die Wachen, die im Vestibül vom König die Tagesparole entgegennahmen – ein Kennwort zur Übermittlung geheimer Befehle und Botschaften! Belauscht wurden sie dabei nur vom Kriegsgott Mars, der hier entspannt auf seinem Sockel sitzt. Sein Schwert steckt in der Scheide, denn in diesem Schloss hat er nichts zu tun! Manchmal blickt er zur Decke hinauf, von der aus eine alte Bekannte die Eintretenden begrüßt. Es ist Flora, die Göttin der Blumen, die ihr bereits auf Seite 12 kennen gelernt habt. Wenn ihr lange genug zu ihr in den Himmel schaut, könnte euch nach einer Weile so sein, als rieselten die Blumen aus ihrem Füllhorn direkt auf euch herab ... Bei aller Würde und Eleganz des Saals wird auf diese Weise jeder Gast daran erinnert, dass er sich in einem Schloss mitten im Grünen befindet!

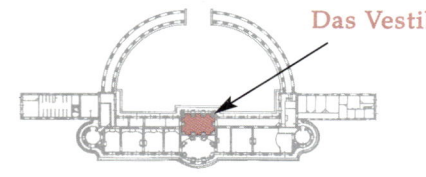

Das Vestibül

Der Mittelpunkt von Sanssouci

Auf Seite 8 seht ihr die Schlosskuppel von außen. Sie zeigt schon von weitem an, wo der Marmorsaal liegt: im Mittelpunkt von Sanssouci.

Hier nun ist der König mit seinen Gästen tatsächlich gerade beim Essen – oder, wie man in königlichen Kreisen sagt, beim »Tafeln«. Ein altes Gemälde (auf Seite 26 seht ihr es komplett) zeigt die berühmte Tafelrunde und den Saal, in dem sie sich traf: den Marmorsaal. Er macht seinem Namen alle Ehre, denn hier sind nicht nur die Säulen aus echtem Marmor (und somit viel kostbarer als die im Vestibül). Auch die Wände und der Fußboden sind mit Marmor ausgekleidet. Erinnern die bunten Einlegearbeiten am Fußboden nicht an eine große Sonne? Rocaillen*, Weinranken und Feigen schmücken die Felder zwischen ihren ›Strahlen‹. Ihr Licht aber erhält die Bodensonne über das Himmelsfenster in der reich vergoldeten Kuppel (Bild links). Sie hat ebenfalls ein Strahlenmuster und macht den ovalen Saal zum höchsten und festlichsten von ganz Sanssouci!

Unter den beiden funkelnden Kronleuchtern führten der König und seine Gäste – berühmte Dichter und Denker – lange Gespräche über Friedrichs Lieblingsthemen: Baukunst und Malerei, Musik und Dichtung, Sternenkunde und Naturwissenschaften, Politik und Geschichte. Dass sie dabei um einen runden Tisch saßen (und nicht etwa an einer langen Tafel, mit dem König am Kopfende), war neu und etwas ganz Besonderes. Hier sollten alle Gesprächspartner gleichberechtigt sein, denn Friedrich verstand sich als ein »aufgeklärter« Herrscher. Er war offen für neue Ideen und Anregungen – nicht ohne sich allerdings das letzte Wort vorzubehalten! Aber habt ihr Friedrich inmitten der Tafelrunde überhaupt schon entdeckt? Er sitzt direkt unter dem Kronleuchter und blickt gerade zu Voltaire [sprich: woltähr], der sich ihm mit einem Lächeln und vorgerecktem Körper von links zuwendet. Dieser berühmte französische Philosoph war zweifellos der ›Star‹ der Tafelrunde. Doch auch das Gespräch mit dem französischen Arzt und Philosophen La Mettrie schätzte Friedrich sehr. Ihn lernt ihr auf der nächsten Doppelseite kennen.

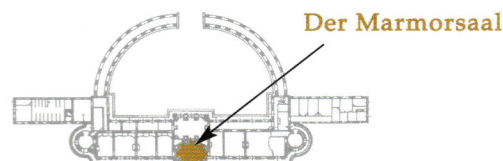

Der Marmorsaal

Tischgespräche

Joachim Tietze malte dieses Bild nach einem verloren gegangenen Gemälde des berühmten Malers Adolph Menzel

König Friedrich

Voltaire (links)

Auch wir Hunde gehörten mit zur berühmten Tafelrunde. Während die Herren in aufregende Gespräche vertieft waren, ging es uns vor allem um eins: etwas von all den Köstlichkeiten abzubekommen, die der Küchenmeister in einem langen Zug von zwölf Köchen in den Saal hatte tragen lassen. Da gab es Pasteten, englischen Käse, Trüffeln, Konfekt – und vor allem: Räucherfleisch! Darauf hatten wir es auch diesmal abgesehen. Wie immer schickten wir Biche [sprich: bich] vor, die Friedrich ganz besonders mochte.

Sie strich unter dem Tisch entlang und winselte ein bisschen. Doch noch war der König zu sehr ins Gespräch vertieft. Während wir dem Leckerbissen hinterherschmachteten, den er sich gerade in den Mund schob, sagte er zu La Mettrie: »Sagen Sie, mein alter Freund: Wenn man den Staat, über den ich herrsche, mit dem Körper eines Menschen vergliche – welches Organ wäre dann der König? Das Gehirn vielleicht, das alles lenkt?« »Verzeihen Sie, Eure Exzellenz«, antwortete La Mettrie, »ich denke, dass es eher der Magen wäre.« »Wieso das?«, fragte Friedrich, nicht ohne sich genüsslich einen weiteren Leckerbissen in den Mund zu schieben.
»Das Gehirn«, antwortete La Mettrie, »ist der Sitz der Philosophen und Gelehrten, denn sie können dem König gute Ratschläge geben. Die Arme und die Beine lassen sich

La Mettrie, der große Philosoph

mit Soldaten vergleichen: Sie haben die Pflicht, den Staat zu verteidigen. Im Darm arbeiten die Handwerker: Sie sorgen dafür, dass alles gut am Laufen bleibt. Der König aber ist der Magen, weil er alles bekommt! Wenn es dem Magen schlecht geht, dann ist auch dem Denken Lebewohl gesagt.«

Das war unsere Chance. Auch wir mussten endlich etwas für unsere Mägen tun! Angefeuert von den Worten La Mettries winselte Biche ein bisschen lauter. Endlich wurde sie von Friedrich bemerkt. Mit den Fingern nahm er ein Stück Fleisch von seinem Teller, legte es zum Abkühlen auf das Tischtuch und gab es schließlich zu uns hinunter. Geschafft! Während das Gespräch noch über drei Stunden weiterging, brachten wir es auf eine ganz ansehnliche Zahl köstlichster Happen.
Übrigens: Da Friedrich auch sonst am liebsten mit den Fingern aß und auch schon mal Suppen und Schnupftabak verschüttete, konnte man nach Abschluss des Essens immer ganz genau erkennen, wo er gesessen hatte …

 Auf dem Gesims der Kuppel des Marmorsaals toben fröhliche Kinder mit ihren Müttern herum. Sie führen vor, worüber der König sich unten am Tisch am liebsten unterhielt. **Achtet darauf, womit die Kinder spielen, dann findet ihr es heraus!**

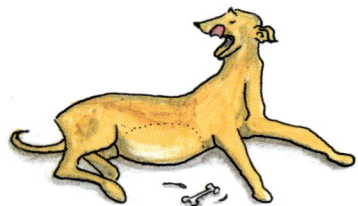

Kalte Füße

Zwei kleine Engel haben es sich in diesem Zimmer bequem gemacht. Sie sitzen in der goldenen Supraporte, also dem Wandfeld über der Tür zum Marmorsaal. Mit einer Feder schreiben sie französische Verse in ein großes Buch: »Morgenrot glüht auf in Flammen. Aber noch sind wir beisammen; denn wir streiten frisch und frei über Liebe und Poeterei ...« Erratet ihr, wen sie damit meinten? Natürlich die berühmte Tafelrunde, die ihr auf den beiden vorigen Seiten kennen gelernt habt.

Manchmal brauchten die Engel gar nicht das Zimmer zu wechseln, um sich ihren Reim auf den fröhlichen Streit der Tafelrunde zu machen. Denn gelegentlich aßen der König und seine Gäste auch hier, im so genannten Empfangszimmer. Das war zwar weniger festlich, dafür aber viel wärmer! Vielleicht hätte Friedrich doch lieber auf seinen Baumeister Knobelsdorff hören und das Schloss unterkellern lassen sollen (siehe Seite 15). So stieg nun an feuchten Tagen im Marmorsaal die Kälte vom Fußboden herauf, und nicht nur der gichtgeplagte König bekam kalte Füße ... Da der Marmorsaal keinen Kamin hatte, musste die Tischgesellschaft an solchen Tagen in das kleine Empfangszimmer umziehen. Dort sorgte das prasselnde Kaminfeuer dafür, dass sich die Köpfe der Streitenden schnell wieder erhitzten, und oft dauerte das Beisammensein dann bis spät in die Nacht ...

Früh am anderen Morgen aber warteten hier im Empfangszimmer schon wieder Menschen mit ganz unterschiedlichen Anliegen darauf, vom König empfangen zu werden. Manchmal dauerte es eine ganze Weile, bis sie zur Audienz, einer Art ›Sprechstunde‹ beim König, gebeten wurden. Damit ihnen die Wartezeit nicht zu lang wurde, hängen in diesem Zimmer eine Menge Bilder an der Wand. Die betrachteten sie sich damals ähnlich wie ihr heute die Bilderbücher und Zeitschriften im Wartezimmer eines Arztes ...

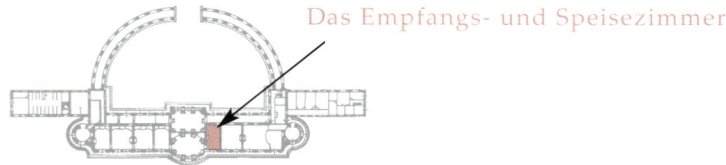

Das Empfangs- und Speisezimmer

In dieser feinen Kommode wurde das Feuerholz aufbewahrt. Die Schubladen dienen jedoch nur dem schönen Schein: Man kann sie nicht öffnen! Viel besser ließen sich die sperrigen Holzscheite über die seitlichen Türen in der Kommode unterbringen …

Ein Zimmer nur für die Musik

»Di Federico«, »von Friedrich geschrieben«, steht auf dem Notenblatt. **Ob ihr es schafft, die Melodie nachzuspielen?**

So stellte sich der Maler Adolph Menzel das Zimmer beim Abendkonzert vor.

»Die Musik gewährt mir Erholung und beruhigt ebenso wie die Poesie meine Sorgen und meine Leiden«, sagte Friedrich einmal über sich. Kein Wunder also, dass es in Sanssouci ein Zimmer nur für die Musik geben musste: **das Konzertzimmer**. Zwei ganz besondere Möbelstücke stehen darin: ein Flügel und der mit Perlmutt verzierte Notenständer, die beide noch aus Friedrichs Zeiten stammen. Friedrichs Instrument aber war die Flöte, auf der er meisterhaft zu spielen verstand. Für seinen »besten Freund« (wie er die Flöte nannte) schrieb er sogar eigenhändig Noten, insgesamt 4 Flötenkonzerte und über 120 Flötensonaten!

Täglich zur Mittagszeit wandelte der König im Konzertzimmer auf und ab, um kleine Übungen auf der Flöte zu spielen. Schon bald darauf begannen die Vorbereitungen für

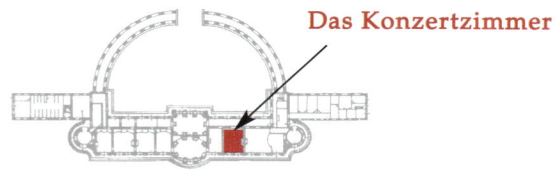

Das Konzertzimmer

das abendliche Hauskonzert. Stühle und Notenständer für die Hofkapelle wurden hereingetragen, die Sitzmöbel für die Konzertgäste zurechtgerückt und Kronleuchter und Notenständer mit frischen Kerzen versehen. Ein Diener nahm Notenblätter und Instrumente aus den beiden Wandschränken, die sich hinter den geschmückten Türen in den Ecken des Konzertzimmers verbergen. Die Flöte legte er auf ein Samtkissen, um sie dem König zu Beginn des Konzerts zu reichen.

Doch erst wenn alle Kerzen angezündet waren, die Gäste ihren Platz gefunden hatten und Friedrich und die Kapelle mit ihrem Spiel begannen, entfaltete das Konzertzimmer seine eigentliche Pracht. Dann brach sich das Licht der Kerzen funkelnd in den Kristallen des Kronleuchters. Die Spiegel warfen es in alle Richtungen, bis das Gold der Verzierungen an Wänden und Decke aufleuchtete wie Glühfäden. Und während die Gäste den Klängen der Musik nachhingen, konnten ihre Augen und Gedanken wandern: zu den Liebesgeschichten des Dichters Ovid auf den Wandgemälden oder zur funkelnden Zimmerdecke, wo Engel, Hunde und Spinnen wagemutig auf- und abklettern …

Vorsicht Spinnweben!

Im Konzertzimmer kann es einem leicht passieren, dass man zum »Hans-guck-in-die-Luft« wird. In der Mitte der Decke findet sich nämlich ein fantastisches Spinnweben! Und nicht nur das: Wer es eine Weile betrachtet, hat sogar das Gefühl, dass die Spinnen ihr Netz direkt in den Himmel weben …

Wie das funktioniert? Findet es heraus, indem ihr euch zunächst einmal die vier Gitterstabtürmchen etwas genauer anseht, die auf das Spinnweben zulaufen: Sie werden nach oben hin immer schmaler. Haltet euch jetzt das Buch über den Kopf und schaut hinauf. Ist es nicht so, als würden die Türmchen in den Himmel ragen, weit über die Zimmerdecke hinaus? Sie erinnern an eine hohe Gartenlaube, die über und über mit Weinlaub bewachsen ist. Zusammengehalten werden die Turmspitzen von dem Spinnennetz, in dem drei fette Spinnen auf ihr nächstes Opfer warten … Keine Sorge, es ist zu weit weg, als dass ihr euch darin verheddern könntet! Weiter unten sind die Türme paarweise durch bogenartige Gitter miteinander verbunden, auf denen Körbe mit Weintrauben stehen. Drohen sie nicht jeden Moment herunterzustürzen?

Das Gold und der weiße Untergrund lassen alles licht und leicht wirken. Dazu passen auch die beschwingten Schnörkel der Rocaillen*, die ihr sicher längst wiedererkannt habt. Hier wandeln sie sich zu immer neuen Traumgebilden: Mal werden sie zu Gitterwerk, mal zu zarten Weinranken und im nächsten Moment zu großen Blättern, von denen das Wasser tropft … Wie sonst könnten die kleinen Engel unter den Bögen der Gartenlaube wohl auf dem Wasser stehen (rechte Bildseite)? Gerade sind sie dabei, mit vereinten Kräften an großen Netzen zu ziehen, mit denen sie auf Fischfang gehen wollen. Andere Engel blasen mit voller Kraft in ihre Hörner, um die Hunde anzufeuern, die in den Ecken Jagd auf Hasen machen.

Das dichte Zaubernetz der Rocaillen umfängt nicht nur unsere Hunde-Kollegen hier oben an der Decke. Es klettert auch unten im Zimmer über Spiegel, Wände und Sesselbeine. Achtet mal darauf, wenn ihr in Sanssouci seid!

Vorsicht Spinnweben!

Im Konzertzimmer kann es einem leicht passieren, dass man zum »Hans-guck-in-die-Luft« wird. In der Mitte der Decke findet sich nämlich ein fantastisches Spinnweben! Und nicht nur das: Wer es eine Weile betrachtet, hat sogar das Gefühl, dass die Spinnen ihr Netz direkt in den Himmel weben ...

Wie das funktioniert? Findet es heraus, indem ihr euch zunächst einmal die vier Gitterstabtürmchen etwas genauer anseht, die auf das Spinnweben zulaufen: Sie werden nach oben hin immer schmaler. Haltet euch jetzt das Buch über den Kopf und schaut hinauf. Ist es nicht so, als würden die Türmchen in den Himmel ragen, weit über die Zimmerdecke hinaus? Sie erinnern an eine hohe Gartenlaube, die über und über mit Weinlaub bewachsen ist. Zusammengehalten werden die Turmspitzen von dem Spinnennetz, in dem drei fette Spinnen auf ihr nächstes Opfer warten ... Keine Sorge, es ist zu weit weg, als dass ihr euch darin verheddern könntet! Weiter unten sind die Türme paarweise durch bogenartige Gitter miteinander verbunden, auf denen Körbe mit Weintrauben stehen. Drohen sie nicht jeden Moment herunterzustürzen?

Das Gold und der weiße Untergrund lassen alles licht und leicht wirken. Dazu passen auch die beschwingten Schnörkel der Rocaillen*, die ihr sicher längst wiedererkannt habt. Hier wandeln sie sich zu immer neuen Traumgebilden: Mal werden sie zu Gitterwerk, mal zu zarten Weinranken und im nächsten Moment zu großen Blättern, von denen das Wasser tropft ... Wie sonst könnten die kleinen Engel unter den Bögen der Gartenlaube wohl auf dem Wasser stehen (rechte Bildseite)? Gerade sind sie dabei, mit vereinten Kräften an großen Netzen zu ziehen, mit denen sie auf Fischfang gehen wollen. Andere Engel blasen mit voller Kraft in ihre Hörner, um die Hunde anzufeuern, die in den Ecken Jagd auf Hasen machen.

Das dichte Zaubernetz der Rocaillen umfängt nicht nur unsere Hunde-Kollegen hier oben an der Decke. Es klettert auch unten im Zimmer über Spiegel, Wände und Sesselbeine. Achtet mal darauf, wenn ihr in Sanssouci seid!

So weit das Auge reicht

Ähnlich wie die Decke des Konzertzimmers spielen auch die Wände dieses Raumes mit eurer Empfindung. Das kommt vor allem durch die Spiegel. Gleich fünf riesengroße Exemplare davon haben hier ihren festen Platz, mehr als in jedem anderen Zimmer von Sanssouci. In ihnen spiegeln sich nicht nur die Fenster mit ihrem Blick auf Terrasse und Weinberg. Vielmehr werden sie selbst zu Fenstern, deren Rahmen – ähnlich wie an der Zimmerdecke – mit einem Gitternetz und Blumengirlanden geschmückt sind (Spiegel ganz links). Sind wir womöglich auch hier in einer Gartenlaube? Und ist der Weinberg nun auf dieser oder auf der anderen Seite? Und von woher kommt das Licht?

Auch die Gemälde sind wie Fenster. Mal betrachten wir sie durch die Spiegel, mal sind sie es selbst, die unsere Augen weit hinaus in die Landschaft schweifen lassen. So entsteht für die im Zimmer Auf- und Abwandelnden ein Spiegelgarten voller verwirrender und überraschender Ausblicke. Die Wände beginnen sich nahezu aufzulösen ... Was ist hier Wirklichkeit und was nur ihr Spiegelbild? Und haben wir den Gott Pan nun tatsächlich über die Schlossterrasse oder durch eine andere Landschaft huschen sehen? Durch das Schilf verfolgt er (links oben auf dieser Seite) die Nymphe Syrinx, die jedoch flüchtet, weil sie seine Liebe nicht erwidert. Ob wir noch miterleben werden, wie er sie in ein Schilfrohr verwandelt, um aus ihr die Flöte zu schnitzen, mit der er seinen Liebeskummer besingt? Doch nein, schon wird unser Blick vom Sonnenlicht des nächsten Spiegels überstrahlt – oder dringt es durch das Fenster?

Des Zimmers neue Kleider

Mit diesem Zimmer ist etwas passiert. Die Möbel und der Kamin tragen noch die typischen Rankenschnörkel des Rokoko*. Aber entdeckt ihr an den Wänden eine einzige Rocaille*? Auch die Türen sehen ganz anders aus als die auf Seite 20 oder 25. Statt goldenem Schmuck haben sie einfache rechteckige Felder und schließen nach oben hin ganz gerade ab. Auch der Schmuck am Spiegel über dem Kamin hält sich streng an rechte Winkel und gerade Linien. Hier tanzt nichts aus der Reihe, und alle Raumteile sind klar voneinander getrennt. Was ist da wohl geschehen?

Als Friedrich 1786 starb, war dieses Zimmer, das ihm über vierzig Sommer lang als **Arbeits- und Schlafzimmer** gedient hatte, sehr verwohnt. Hier hatte er sich nicht nur am meisten aufgehalten, hier war er auch gestorben. Friedrich selbst hatte jedoch kaum Reparaturen an dem Zimmer vornehmen lassen. Er war der Meinung, dass das Schloss nur so lange halten musste, wie er lebte. Sein Nachfolger, König Friedrich Wilhelm II., sah das ganz anders. Er wollte Sanssouci ebenfalls für seine Sommeraufenthalte nutzen, und so ließ er in allen königlichen Wohnräumen die Möbel auswechseln. Das Arbeitszimmer wollte er zu einem modernen Wohnraum umgestalten. Dafür schien ihm das Rokoko jedoch zu veraltet. Er bevorzugte die strengen, geradlinigen Formen des Klassizismus*, die gerade in Mode gekommen waren! Die beiden rotbraunen Säulen am Übergang vom Arbeits- zum Schlafbereich sollen dem Raum eine größere Feierlichkeit verleihen und die Deckenmalereien mit den zwölf Tierkreiszeichen an den Ablauf der Zeit und des Lebens erinnern.

Kaum ein halbes Jahrhundert später begann man sich wieder mehr für den ursprünglichen Zustand des Schlosses zu interessieren, und deshalb bemüht man sich bis heute, möglichst vieles wieder so herzustellen, wie es zu Friedrichs Lebzeiten war. Dazu gehörte auch die Wiederbeschaffung der alten Rokoko-Möbel. An dem Schreibtisch mit Dokumentenschrank und Uhraufsatz hat Friedrich fast täglich gesessen, und in dem großen Sessel ist er in seiner Sterbestunde friedlich eingeschlafen …

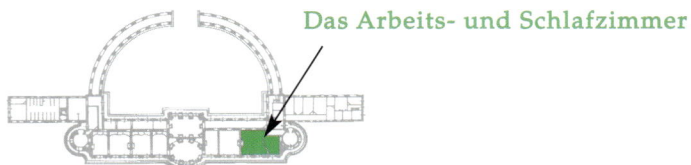

Das Arbeits- und Schlafzimmer

Arbeitszimmer mit Blick zum Kamin

Auch heute noch sollen verschiedene Kunstwerke in diesem Raum an Friedrich erinnern. Hier findet ihr nicht nur Bildnisse von ihm, seinen Eltern und seinem Kindermädchen, sondern auch das Gemälde von Seite 13 und die Statue von Seite 8 ...

Blick zum Schlafbereich ...   ... und vom Schlafbereich wieder zum Kamin

Etwas für Kunstdetektive

Woher weiß man eigentlich, wie das Zimmer zu Friedrichs Zeiten ausgesehen hat und welche Möbel darin standen? Heute würden Fotos uns das erzählen. Damals aber war die Fotografie noch nicht erfunden.

Doch davon lassen wahre Kunstdetektive sich nicht schrecken! Bei ihren Nachforschungen helfen ihnen alte Beschreibungen des Zimmers in Briefen oder Inventarlisten*, die zum Beispiel von der Farbe der Stofftapeten berichten (sie waren zartgrün) oder von den Möbeln. Auch Rechnungen können sehr aufschlussreich sein: Für die Zimmerdecke des Arbeitszimmers zum Beispiel listet eine Rechnung aus dem Jahr 1746 »4 Vögel 20 Kinder 8 Hunde und 7 Thiere« auf. Könnte die Decke also ähnlich ausgesehen haben wie die im Konzertzimmer (Seite 32)? Auch Kupferstiche wie der hier auf der rechten Seite, der die Sterbestunde des Königs zeigt und im Jahr seines Todes entstand, helfen bei der Spurensuche – versucht es doch selbst einmal!

So könnte das Zimmer früher ausgesehen haben. Damals trennte ein Rundbogen den Schlafbereich vom Arbeitszimmer ab, heute stehen Säulen an seiner Stelle.

So kann aus vielen kleinen Puzzleteilen ein ungefähres Bild des Zimmers entstehen. Das Aquarell eines Architekten* aus dem Jahr 1845 (links) ist das Ergebnis eines solchen ›Puzzlespiels‹. Es zeigt den Blick zum Schlafbereich des Arbeitszimmers. Dort trennten zu Friedrichs Zeiten nicht Säulen, sondern ein Rundbogen und ein Gitter mit kleinen Kinderengeln den Schlafbereich ab. Hinter dem Vorhang stand ein Prunkbett. Seitlich des Rundbogens verdeckte je eine Spiegeltür einen Wandschrank und den Durchgang zur Bibliothek. Die Wände und die Decke sind – ganz ähnlich wie im Konzertzimmer – mit dem Gitterwerk einer Gartenlaube geschmückt. Doch eines wusste der Architekt offenbar nicht: Auf der linken Wand findet man unter der Stofftapete noch Umrissspuren der vergoldeten Holzschnitzereien, die ehemals auf die Tapete aufgelegt waren (Bild rechts unten). Sie zeigten Gehänge mit Blumen und Vögeln!

Vergleicht diesen Kupferstich von J. F. Bock mit den Fotos auf der vorigen Doppelseite. Findet ihr heraus, welche Möbel schon damals in Friedrichs Arbeitszimmer standen? Wer seine Augen besonders anstrengt, entdeckt im Kupferstich an der Wand sogar die Holzschnitzereien wieder, die einstmals das Zimmer schmückten ...

(K)ein Hundeleben

Uns wundert es gar nicht, dass das Arbeits- und Schlafzimmer so verwohnt war. Denn wo immer Friedrich sich längere Zeit aufhielt, da waren auch wir Hunde. Zum Verdruss der Diener hatte Friedrich angeordnet, dass wir es uns sogar mit dreckigen Pfoten auf den kostbaren Sesseln gemütlich machen durften. Da die verbleibenden Stühle von Büchern und Papieren belegt waren, fanden die Besucher während der Audienzen selten einen freien Platz. Aber das störte den König wenig! Auf Sanssouci galten eigene Regeln, und so war es auch nicht weiter ungewöhnlich, die Besucher in einem Zimmer zu empfangen, das zugleich als Schlafzimmer diente…

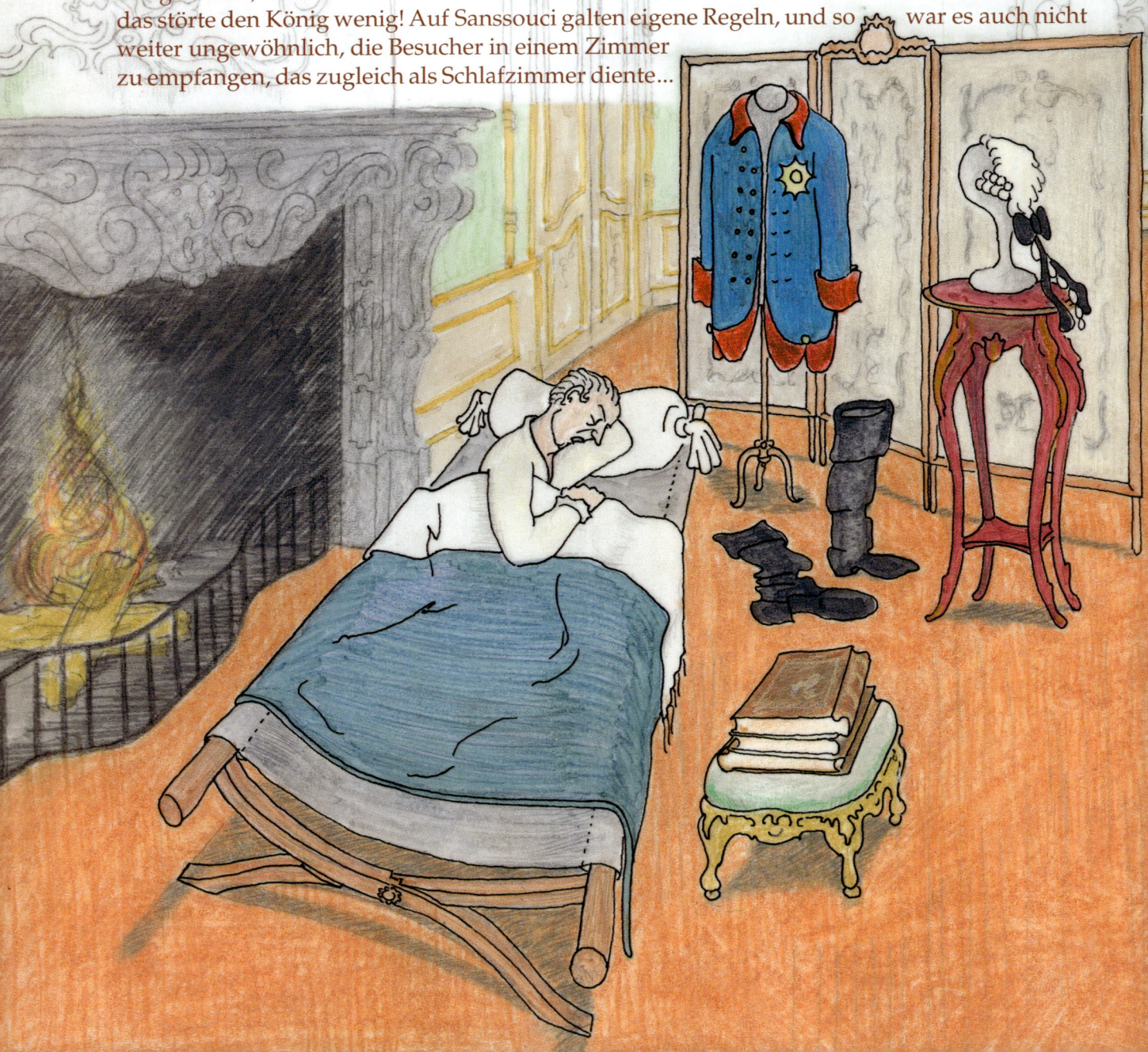

Nachts durfte einer von uns – meistens Biche – das Bett mit Friedrich teilen. Leider war es nicht das bequeme Prunkbett im Alkoven*. Friedrich bevorzugte ein einfaches Feldbett, das er hinter den Stellschirm in die Nähe des wärmenden Kamins gerückt hatte. Je älter er wurde, desto früher stand er auf – schließlich sogar schon um 4 Uhr morgens! Er war der Meinung, dass der König der erste Diener seines Staates sei und deshalb früher aufstehen müsse als alle seine Untertanen. Ganz leicht fiel ihm (und uns) das nicht. Für den Fall, dass er nicht von alleine wach wurde, hatte er die Diener angewiesen, ihm ohne langes Zögern einen nassen Waschlappen aufs Gesicht zu legen.

Nach dem Ankleiden rief Friedrich mit lauter Stimme »Hier!«. Dann betrat ein Diener das Zimmer und übergab ihm die Berichte seiner Minister und Generäle und die schriftlichen Gesuche der Untertanen. Manches hatten ihm seine Sekretäre in Auszügen zusammengefasst. Alles das las er und versah es mit kleinen Randbemerkungen. »Esel« oder »Spitzbube« stand dann schon mal da, wenn er nicht einverstanden war. Gegen sieben Uhr morgens diktierte er den Sekretären dann die entsprechenden Befehle. So wurden bereits in diesen wenigen Morgenstunden die wichtigsten Entscheidungen für ein ganzes Königreich getroffen!

Nachts durfte einer von uns – meistens Biche – das Bett mit Friedrich teilen. Leider war es nicht das bequeme Prunkbett im Alkoven*. Friedrich bevorzugte ein einfaches Feldbett, das er hinter den Stellschirm in die Nähe des wärmenden Kamins gerückt hatte. Je älter er wurde, desto früher stand er auf – schließlich sogar schon um 4 Uhr morgens! Er war der Meinung, dass der König der erste Diener seines Staates sei und deshalb früher aufstehen müsse als alle seine Untertanen. Ganz leicht fiel ihm (und uns) das nicht. Für den Fall, dass er nicht von alleine wach wurde, hatte er die Diener angewiesen, ihm ohne langes Zögern einen nassen Waschlappen aufs Gesicht zu legen.

Nach dem Ankleiden rief Friedrich mit lauter Stimme »Hier!«. Dann betrat ein Diener das Zimmer und übergab ihm die Berichte seiner Minister und Generäle und die schriftlichen Gesuche der Untertanen. Manches hatten ihm seine Sekretäre in Auszügen zusammengefasst. Alles das las er und versah es mit kleinen Randbemerkungen. »Esel« oder »Spitzbube« stand dann schon mal da, wenn er nicht einverstanden war. Gegen sieben Uhr morgens diktierte er den Sekretären dann die entsprechenden Befehle. So wurden bereits in diesen wenigen Morgenstunden die wichtigsten Entscheidungen für ein ganzes Königreich getroffen!

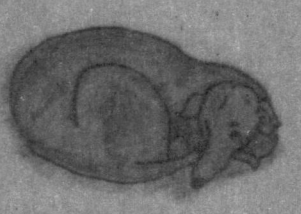

Fast ein Geheimzimmer

Ein Bücherschrank als Zimmertür

Erinnert ihr euch noch an die beiden Spiegeltüren links und rechts des königlichen Schlafgemachs (Seite 38)? Kaum jemand konnte ahnen, dass hinter der linken Spiegeltür ein kleiner schmaler Gang zu einem weiteren Zimmer führte. Nur durch eine einzige, kaum menschenhohe Tür lässt es sich betreten, und wenn man sich diese Tür etwas genauer betrachtet, ist sie – ein Bücherschrank!

Stellt euch einmal vor, wie es gewesen sein muss, bei geschlossener Tür in dieser kleinen, kreisrunden **Bibliothek** zu sitzen, umgeben von nichts als Bücherschränken. Ähnlich wie in einem Turmzimmer konnte der König hier ganz eintauchen in die Welt der Bücher. Wenn dann das Kaminfeuer flackerte und von den Wänden her das goldbraune Zedernholz seinen Duft verströmte, hatte er schnell alles um sich herum vergessen ... Schon als Kind hatte Friedrich seine Liebe zu den Büchern entdeckt und sich heimlich immer wieder neue beschafft. Doch als sein strenger Vater die Büchersammlung bemerkte, ließ er sie sofort entfernen. So verwundert es kaum, dass die Bibliothek in Sanssouci Friedrichs ›Allerheiligstes‹ war. Nur wenige Auserwählte durften sie betreten.

Auf insgesamt sechs Schlössern richtete der König sich im Laufe seines Lebens Bibliotheken ein. Mit über 2100 Bänden war die Büchersammlung von Sanssouci jedoch die größte. Von den meisten Büchern gab es auf jedem Schloss ein Exemplar. So konnte der König bequem hin- und herreisen, ohne die Bücher mit sich führen zu müssen. Um die in Leder gebundenen Bücher trotzdem je nach Standort unterscheiden zu können, wurden sie auf der Vorderseite mit einem goldenen Buchstaben versehen. Für Sanssouci war das ein »V«, das für »vigne« [sprich: vinje] steht, dem französischen Wort für »Weinberg«!

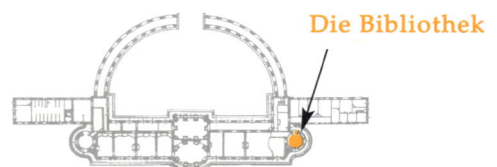

Die Bibliothek

Stiller Beschaulichkeit ganz hingegeben,
Meid´ ich der Menschen Zudrang, Lärm und Hast;
Die Stunden nutzend, die so schnell entschweben,
Genieß´ ich tausend Freuden auf dem Land,
Errichte Lauben, lasse Hecken scheren,
Lese La Quintinie, dank dessen Lehren
Ein grüner Garten sprießt aus dürrem Sand.
Die Blumen, die uns Floras Huld beschieden
Seh´ ich da sprossen, blühn und bin zufrieden.

Der Philosoph von Sanssouci

Hätte er sich das aussuchen können, dann wäre Friedrich lieber kein König geworden, sondern ein Philosoph – also einer, der über die Welt nachdenkt und seine Gedanken dazu auch aufschreibt. In der Bibliothek von Sanssouci machte er diesen Traum wahr! Unter der strahlenden goldenen Sonne sitzend, die hier die Zimmerdecke schmückt, kam ihm so mancher gute Einfall, und dann entstand auch schon mal ein Gedicht wie das, das ihr oben lesen könnt. Ob er zum Fenster hinaus auf seinen Weinberg sah, als er es schrieb, oder aber zur Flora drüben bei der Gruft?

Friedrichs Werke füllten schon bald mehrere Bände, die er stolz unter dem Namen »der Philosoph von Sanssouci« veröffentlichte. Doch wer glaubt, dass er auf Deutsch schrieb, der irrt! Damals sprach man an den Königshäusern französisch. Das klang elegant und erinnerte an den großen »Sonnenkönig«, Ludwig den Vierzehnten, und an das märchenhafte Schloss, von dem aus er zu dieser Zeit Frankreich regierte. Auch der junge Friedrich sollte durch das Lesen französischer Bücher in diese Sprache eingeführt werden – und las so viel, dass er schon bald weitaus besser französisch sprach als deutsch.

So findet sich in der Bibliothek von Sanssouci auch kein einziges deutsches Buch. Neben Werken der Geschichte und der Literatur liebte Friedrich vor allem die antiken Dichter und Denker wie Homer und Sokrates. Ihre Büsten* schmücken die Zimmerwände der Bibliothek. Habt ihr sie auf der vorigen Seite schon entdeckt?

Das kleine Schlossmuseum

Wie seine Flöte und die Bücher liebte der König Gemälde und Skulpturen, die er ebenfalls eifrig sammelte. Achtet mal darauf, wieviele allein schon seine Zimmer schmücken! Seine Lieblingsbilder und -skulpturen aber stellte er in einem eigenen Raum aus, der so genannten **Kleinen Galerie**. Sie erstreckt sich als langer Flur hinter den königlichen Wohnräumen und verbindet das Arbeitszimmer mit dem Vestibül*. Diesen ›Schleichweg‹ durften außer Friedrich auch die Besucher nutzen, die täglich mit dem König zu tun hatten. Ob es ihnen gefiel, auf ihrem Weg ein wenig Kunst zu genießen?

Die Bilder in der Kleinen Galerie stammen von den drei Lieblingsmalern des Königs: den Franzosen Watteau [sprich: wattoh], Lancret [sprich: longkreh] und Pater [sprich: paterr]. Sie alle zeigen Festlichkeiten und Spiele höfischer Gesellschaften im Freien: einen »Ländlichen Tanz« zum Beispiel, ein »Blindekuhspiel« oder ein »Frühstück im Walde«. Passt das nicht wunderbar zu einem Sommerschloss im Grünen?

Manche Bilder betrachtete der König so lange, dass er über all dem bunten Treiben, das sie zeigten, ganz und gar ins Träumen geriet. In der Galerie wurde es dann immer stiller, und keiner der Diener wagte, ihn zu stören. Doch was sollten sie tun, wenn inzwischen das Mittagessen anbrannte? In solchen Fällen war die Mithilfe von uns Hunden gefragt: »Könnten Sie wohl den König an die Uhrzeit erinnern?«, baten die Diener uns dann höflich – denn sie mussten uns siezen! Meistens taten wir ihnen den Gefallen und winselten und kratzten so lange an der Tür, bis der König auf uns aufmerksam wurde. Manchmal allerdings begleiteten wir ihn auf seiner Entdeckungsreise durch die Welt der Bilder, und dann war es auch um uns schon bald geschehen ...

Friedrichs Bildersammlung wuchs so schnell, dass auf Sanssouci bald nicht mehr genug Platz für sie war. Deshalb ließ er für seine Bilder ein eigenes Zuhause gleich neben das Schloss bauen: die **Bildergalerie**. Sie ist das erste Gebäude in Deutschland nur für die Kunst, und aus diesem Gedanken entwickelten sich später unsere heutigen Museen. Macht doch mal einen Ausflug zur Bildergalerie – die Übersichtskarte auf Seite 62 zeigt euch, wo ihr sie findet.

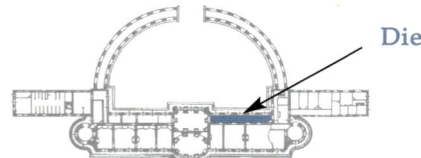

Die Kleine Galerie

Seht ihr, ...

... schon ist es passiert! Wasserplätschern ... fröhliches Gekicher ... der Duft von Blumenkränzen ... Musik ... Unversehens hat der Maler Jean-Baptiste Pater uns Hunde auf die sonnige Waldlichtung entführt, auf der eine kleine Hofgesellschaft Blindekuh spielt. Die junge Dame im hellen Kleid ist die Blindekuh. Von zwei anderen wird sie im Kreise gedreht und ein bisschen in die Irre geführt. Was der junge Herr ihr wohl ins Ohr flüstert? Jetzt, wo wir ihm zusehen, macht es ihm fast noch mehr Spaß, die junge Dame zu necken. Verliebter Schwindel liegt in der Luft, und vom Himmel schießt der kleine Liebesgott Amor seine Pfeile zur Erde ...

Jetzt lüpft die Blindekuh ihre Augenbinde –
wer wohl ihre Nachfolgerin sein wird?
Dann heißt es wieder: Augen verbinden
und sich drehen ...

Jetzt lüpft die Blindekuh ihre Augenbinde –
wer wohl ihre Nachfolgerin sein wird?
Dann heißt es wieder: Augen verbinden
und sich drehen ...

Ausflug nach China

Kneif mich mal, Biche – ich glaube, ich träume. Das ist hier ja noch viel, viel aufregender als jedes Karussell. Der Ort kommt mir bekannt vor ... aber habe ich ihn im Traum gesehen oder auch schon mal in Wirklichkeit? Das viele Gold ... wie das leuchtet! Schaut euch bloß mal die kleinen Troddeln an, die vom Dach des Hauses hängen. Oder die Palmensäulen, die aussehen, als hätte man sie in ein riesiges Goldfass getaucht. Wie im Märchen! Biche, Hasenfuß, kommt mit! Das müssen wir uns gleich mal aus der Nähe betrachten ...

Entschuldigung, wohnen Sie hier? Hm, sie antworten nicht, wenn wir sie ansprechen. Ulkig, wie die aussehen: Ihre Kleider wirken wie Kostüme aus einem asiatischen Märchenstück. Schaut mal, der Mann mit dem Blütenhut hat gerade den Arm erhoben, um der hübschen jungen Dame etwas zu sagen. Sie hält eine Teetasse in der Hand und guckt ein wenig verliebt … Aber was ist mit den beiden bloß passiert? Sie sehen aus, als hätte ein Zauberer sie – »Abrakadabra!« – ganz plötzlich zu Gold verwandelt.

Der Mandarin

»Guten Tag!«
»Hu, jetzt habe ich mich aber erschrocken. Du auch, Biche? Hasenfuß hat sich natürlich mal wieder gleich ins Gebüsch verdrückt. Typisch! Wer spricht denn da?«
»Ich, der Mandarin. Ich habe es mir mit meinem fliegenden Kissen auf dem Dach des Chinesischen Hauses bequem gemacht. Von hier aus habe ich den besten Überblick über mein kleines Reich.«
»Wie ist denn die Aussicht von da oben?«
»Kann nicht klagen! Ich habe einen wunderbaren Blick in den Park von Sanssouci. Nett, dass ihr mir einen Besuch abstattet, denn als oberster chinesischer Staatsbeamter lebt es sich manchmal etwas eintönig. Die Zeiten, in denen die königlichen Hofgesellschaften sich hier tummelten zu Tee, Musik und kleinen Abendessen sind leider vorbei. Aber ein Mal im Jahr, wenn mich die Lust überkommt, schwinge ich auf meine alten Tage noch einmal den Zauberstab hier, und dann feiern meine Chinesen und ich für ein Viertelstündchen. Wollt ihr wissen, woher ich den Zauberstab habe?«
»Na klar!«

Auch heute noch geht vom Chinesischen Haus ein besonderer Zauber aus. Wer es nicht glaubt, stattet ihm am besten einen Besuch ab – die Übersichtskarte auf Seite 62 weist euch den Weg.

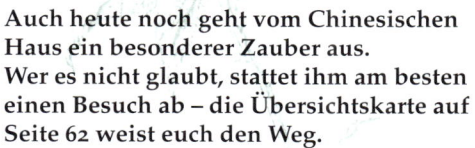

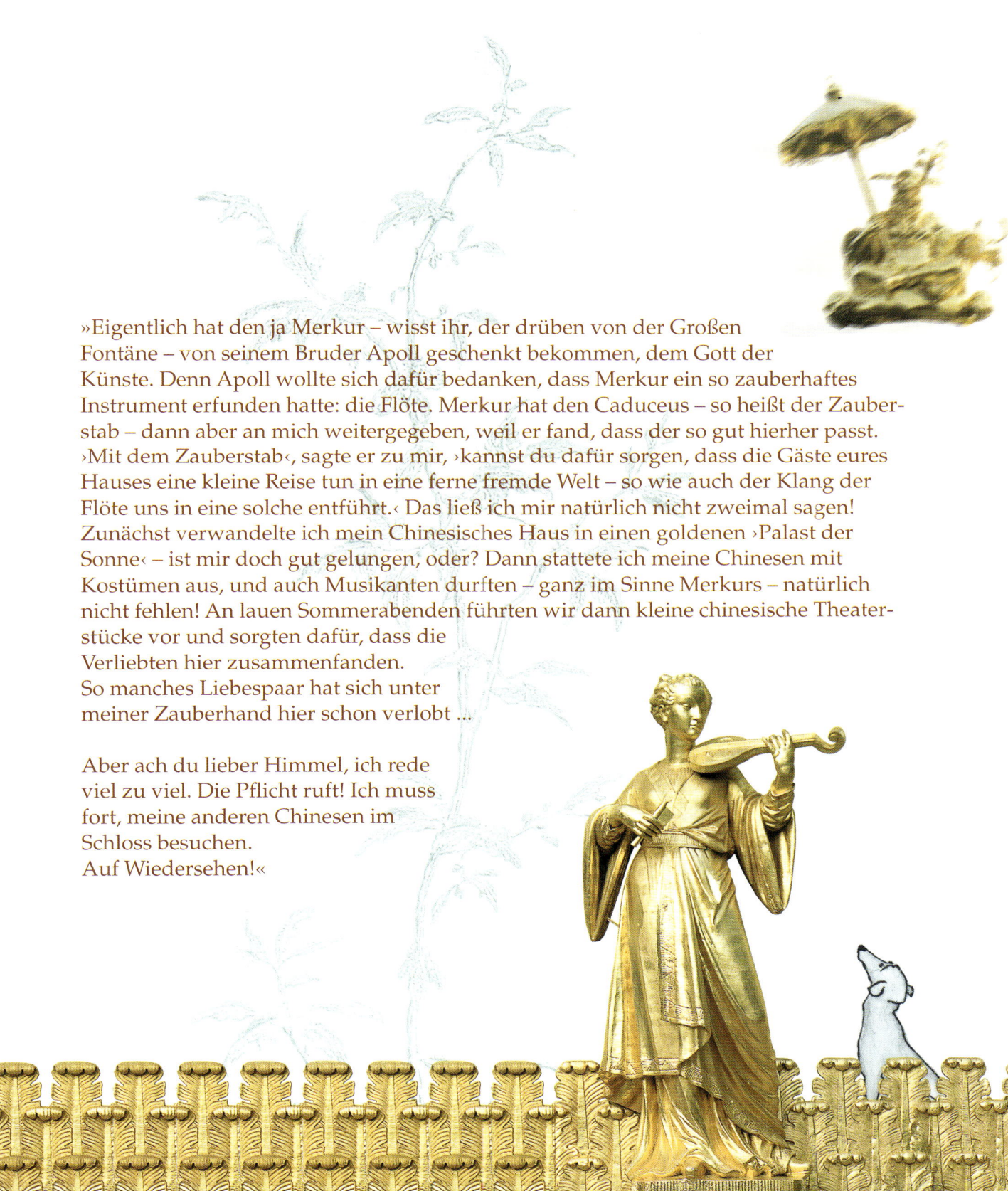

»Eigentlich hat den ja Merkur – wisst ihr, der drüben von der Großen Fontäne – von seinem Bruder Apoll geschenkt bekommen, dem Gott der Künste. Denn Apoll wollte sich dafür bedanken, dass Merkur ein so zauberhaftes Instrument erfunden hatte: die Flöte. Merkur hat den Caduceus – so heißt der Zauberstab – dann aber an mich weitergegeben, weil er fand, dass der so gut hierher passt. ›Mit dem Zauberstab‹, sagte er zu mir, ›kannst du dafür sorgen, dass die Gäste eures Hauses eine kleine Reise tun in eine ferne fremde Welt – so wie auch der Klang der Flöte uns in eine solche entführt.‹ Das ließ ich mir natürlich nicht zweimal sagen! Zunächst verwandelte ich mein Chinesisches Haus in einen goldenen ›Palast der Sonne‹ – ist mir doch gut gelungen, oder? Dann stattete ich meine Chinesen mit Kostümen aus, und auch Musikanten durften – ganz im Sinne Merkurs – natürlich nicht fehlen! An lauen Sommerabenden führten wir dann kleine chinesische Theaterstücke vor und sorgten dafür, dass die Verliebten hier zusammenfanden. So manches Liebespaar hat sich unter meiner Zauberhand hier schon verlobt …

Aber ach du lieber Himmel, ich rede viel zu viel. Die Pflicht ruft! Ich muss fort, meine anderen Chinesen im Schloss besuchen. Auf Wiedersehen!«

 **Wo ist bloß der Mandarin geblieben,**
den ihr auf der vorigen Seite kennen gelernt habt?
Ob er sich verspätet hat?

Noch mehr Chinesen

Tatsächlich: Auch im Schloss trifft man auf Chinesen! Ursprünglich bevölkerten sie die Wände gleich mehrerer Gästezimmer. Doch nur in diesem **Ersten Gästezimmer** sind sie heute noch zu sehen. Bis zum Jahr 1953 waren sie allerdings unter einer seidenen Wandbespannung versteckt, die der König bald anbringen ließ, um noch mehr Platz für seine Gemäldesammlung zu bekommen.

Doch jetzt spannen die Chinesen wieder ihre Schirmchen auf, gehen mit Pfeil und Bogen auf Vogeljagd und trinken Tee. Passen die zartrosa Malereien mit den hellblauen Schatten nicht wunderbar zu den zierlichen Rocaillen* am Spiegel? Im Rokoko* liebte man alles, was an China erinnerte – ein Land, das man nur aus Reiseberichten kannte. Reisen in die weite Welt waren damals nämlich noch sehr selten und sehr mühevoll. Über große Handelsgesellschaften gelangten jedoch feinstes chinesisches Porzellan, Lackarbeiten und herrliche Seidenstoffe nach Europa. Was für ein wunderbares Land musste das sein, das so schöne Dinge besaß? Und so stellte man sich China vor wie ein Paradies, in dem die Menschen im Luxus schwelgten und ein heiteres, sorgenloses Leben führten – ... »sans souci« also!

Ob auch die Gäste des Königs von China geträumt haben, wenn sie in diesem Zimmer übernachteten? Das Bett für sie stand in dem Alkoven* hinter dem Vorhang! Auf der nächsten Seite könnt ihr euch das genauer ansehen.

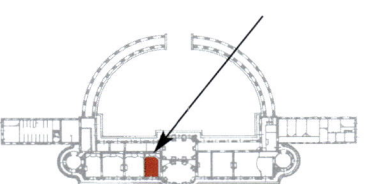

Das Erste Gästezimmer

Von Türen und Toren

Vier von insgesamt fünf **Gästezimmern** des Schlosses könnt ihr heute noch besichtigen. Sie alle liegen – hübsch aneinander gereiht wie Perlen auf einer Perlenschnur – im Westflügel des Schlosses. Wenn ihre Türen geöffnet sind, kann man vom ersten bis in das letzte Zimmer schauen (unten).

Jede Menge Türen – und wo bitte ist das Tor?

Also, wenn ihr uns fragt: eine prima Möglichkeit, um mit den kleinen Lederbällen, die der König überall für uns auslegen ließ, Fußball zu spielen! Aber die Gäste taten uns schon ein bisschen leid, denn diese Anordnung der Zimmer war ziemlich unbequem. Wollte zum Beispiel ein Gast, der das Dritte Gästezimmer bewohnte, zum Essen in den Marmorsaal, dann musste er erst durch das Zweite und dann auch noch durch das Erste Gästezimmer hindurch. Was, wenn die dort wohnenden Gäste sich gerade ankleideten oder womöglich schliefen? Als einziger Ausweg blieben da die Fenstertüren und der Weg über die Schlossterrasse – bei kühleren Temperaturen nicht gerade eine Freude! Doch für die Ehre, zu den Auserwählten an der Tafel des Königs zu gehören, nahmen die Gäste so manche Unbequemlichkeit in Kauf ...

»Aber da sind doch noch zwei weitere Türen in den Zimmern!«, sagen jetzt vielleicht diejenigen von euch, die ganz genau hingeschaut haben! Recht habt ihr: Jeweils links und rechts von den Schlafnischen (Alkoven*) befinden sich tatsächlich zwei fast unsichtbare Türen ... Einen Ausweg boten sie dem Gast aber nicht: Hinter der linken Tür verbarg sich eine Garderobe, und die rechte führte zu einer Kammer, in dem der Diener des jeweiligen Gastes schlief. Fällt euch auch auf, dass die Gästezimmer viel bescheidener geschmückt sind als die Wohngemächer des Königs (Seite 28-47)?
So sah man gleich, wer der Herr im Hause war!

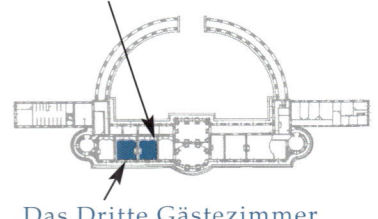

Das Zweite Gästezimmer

Das Dritte Gästezimmer

Habt ihr den Dokumentenschrank mit Uhraufsatz im Dritten Gästezimmer wiedererkannt? Friedrich hat ihn für dieses Zimmer noch einmal nachbauen lassen, weil er ihm so gut gefiel. In welchem anderen Zimmer habt ihr ihn schon gesehen?

Das Zweite Gästezimmer

Das Dritte Gästezimmer

Im Reich der Tiere

Nur fünf Jahre nach unserem Einzug ins Schloss gab es hier im **Vierten Gästezimmer** wieder Bauarbeiten. Ursprünglich hatte man es ähnlich ausgemalt wie das Erste Gästezimmer – im Alkoven* ist ein Überrest dieser Wandbemalung sogar noch zu erkennen (Bild gegenüberliegende Seite rechts oben)! Doch nun ließ Friedrich – aus einer Laune heraus? – etwas ganz Neues in das Zimmer zaubern. Die Wände wurden mit Eichenholz vertäfelt und mit Schnitzereien geschmückt, die wir erst gar nicht so richtig erkennen konnten. An der Decke wurde mit Draht ein rankenartiges Gebilde aus Eisenblech und Stuck* befestigt. Was das wohl sollte?

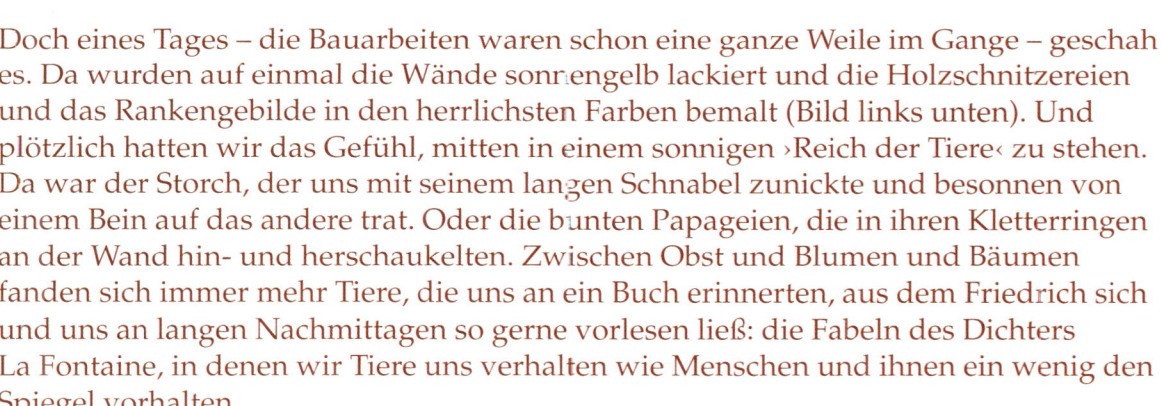

Doch eines Tages – die Bauarbeiten waren schon eine ganze Weile im Gange – geschah es. Da wurden auf einmal die Wände sonnengelb lackiert und die Holzschnitzereien und das Rankengebilde in den herrlichsten Farben bemalt (Bild links unten). Und plötzlich hatten wir das Gefühl, mitten in einem sonnigen ›Reich der Tiere‹ zu stehen. Da war der Storch, der uns mit seinem langen Schnabel zunickte und besonnen von einem Bein auf das andere trat. Oder die bunten Papageien, die in ihren Kletterringen an der Wand hin- und herschaukelten. Zwischen Obst und Blumen und Bäumen fanden sich immer mehr Tiere, die uns an ein Buch erinnerten, aus dem Friedrich sich und uns an langen Nachmittagen so gerne vorlesen ließ: die Fabeln des Dichters La Fontaine, in denen wir Tiere uns verhalten wie Menschen und ihnen ein wenig den Spiegel vorhalten ...

Ist es nicht toll, wie plastisch sich die holzgeschnitzten Papageien von der Wand abheben (Bild links unten)? Auch die Blumenranken, die über den Kronleuchter klettern und zur Decke hinauf (Bild links oben), sehen so täuschend echt aus, als seien sie von draußen in das Zimmer gewachsen, um hier unbekümmert ihr Leben weiterzuführen ... Dass die Rocaillen* nicht mehr vergoldet sind wie in den anderen Zimmern, sondern so sonnengelb lackiert wie die Wandvertäfelung, ist kein Zufall. Es zeigt euch, wie die Künstler ihre Arbeit im Laufe der Jahre immer mehr an die Natur anlehnten.

Da bekommt man richtig Lust, hinaus in den Park zu springen, findet ihr nicht auch? Gleich sehen wir uns dort wieder!

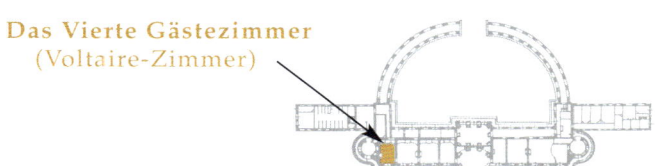

Das Vierte Gästezimmer
(Voltaire-Zimmer)

 Erkennt ihr den Ort wieder,
an dem Friedrich und Voltaire hier spazieren gehen?

Der berühmteste Gast von Sanssouci

Man bemerkt sie kaum, die kleine Büste*, die still und leise einen Wandtisch im Gästezimmer auf der vorigen Seite schmückt (hier seht ihr sie auf der gegenüberliegenden Seite oben links). Dabei war es dieser Herr mit dem verschmitzten Lächeln, nach dem das Zimmer benannt wurde! Es ist Voltaire [sprich: woltähr], der weltbekannte französische Philosoph und Schriftsteller, dem ihr auf Seite 24 schon einmal begegnet seid.

Schon als Friedrich noch ein Prinz war, hatte er in langen Briefen um die Freundschaft dieses berühmten Mannes geworben. Ihm gefielen die geistreichen Schriften und die Witzigkeit Voltaires – und auch seine »aufklärerischen« Ideen, mit denen er die Menschen dazu bewegen wollte, durch eigene Kraft und überlegtes Handeln einen gerechten und freien Staat zu errichten.

1750 war es dann soweit. Nach vierzehn Jahren Briefwechsel – Friedrich war inzwischen König – gelang es ihm endlich, den bewunderten Freund zu einem längeren Aufenthalt an seinem Hof zu überreden. Es war eine schöne Zeit, die die beiden mit Gesprächen, Spaziergängen und langen Mahlzeiten an der Tafelrunde zubrachten. Wann immer er wollte, konnte Voltaire im Voltaire-Zimmer auf Sanssouci übernachten. Daneben bekam er ein Gehalt, eine Wohnung im Potsdamer Stadtschloss und konnte – wenn er nicht gerade die Schriften des Königs überarbeitete – seine eigene schriftstellerische Arbeit fortsetzen.

Doch ganz ungetrübt blieb die Freundschaft nicht, denn Friedrich war nicht nur Gelehrter und Freund, sondern eben auch König, der sich in bestimmte Fragen nicht hineinreden ließ – nicht einmal von Voltaire. So kam es zum Streit und nach drei Jahren schließlich zum Bruch zwischen den beiden.

Voltaire hat das Voltaire-Zimmer in der neuen Ausstattung nicht mehr gesehen, denn als er Potsdam verließ, waren die Bauarbeiten noch im Gange. Aber der Briefwechsel zwischen den beiden hielt bis zum Tode Voltaires im Jahr 1778 an. Für Friedrich blieb die Begegnung mit dem Philosophen unvergesslich. »Immortalis« – »unsterblich« – steht deshalb auf dem Sockel seiner Büste, die an diese Begegnung erinnern soll.

Sehr häufig wird Voltaire sicher nicht im Voltaire-Zimmer übernachtet haben, denn in seiner Wohnung im Stadtschloss hatte er es weitaus bequemer. Schon bald wurde auch dem König bewusst, dass seine Gäste im Schloss nur wenig Platz hatten. Deshalb ließ er die Orangerie (also das Haus, in dem die Orangenbäume überwinterten und das gleich neben dem Schloss lag) zu einem Gästehaus umbauen. Diese so genannten Neuen Kammern (oben) sind wunderschön anzusehen – macht doch auf eurem Weg durch den Park mal einen Abstecher dorthin!

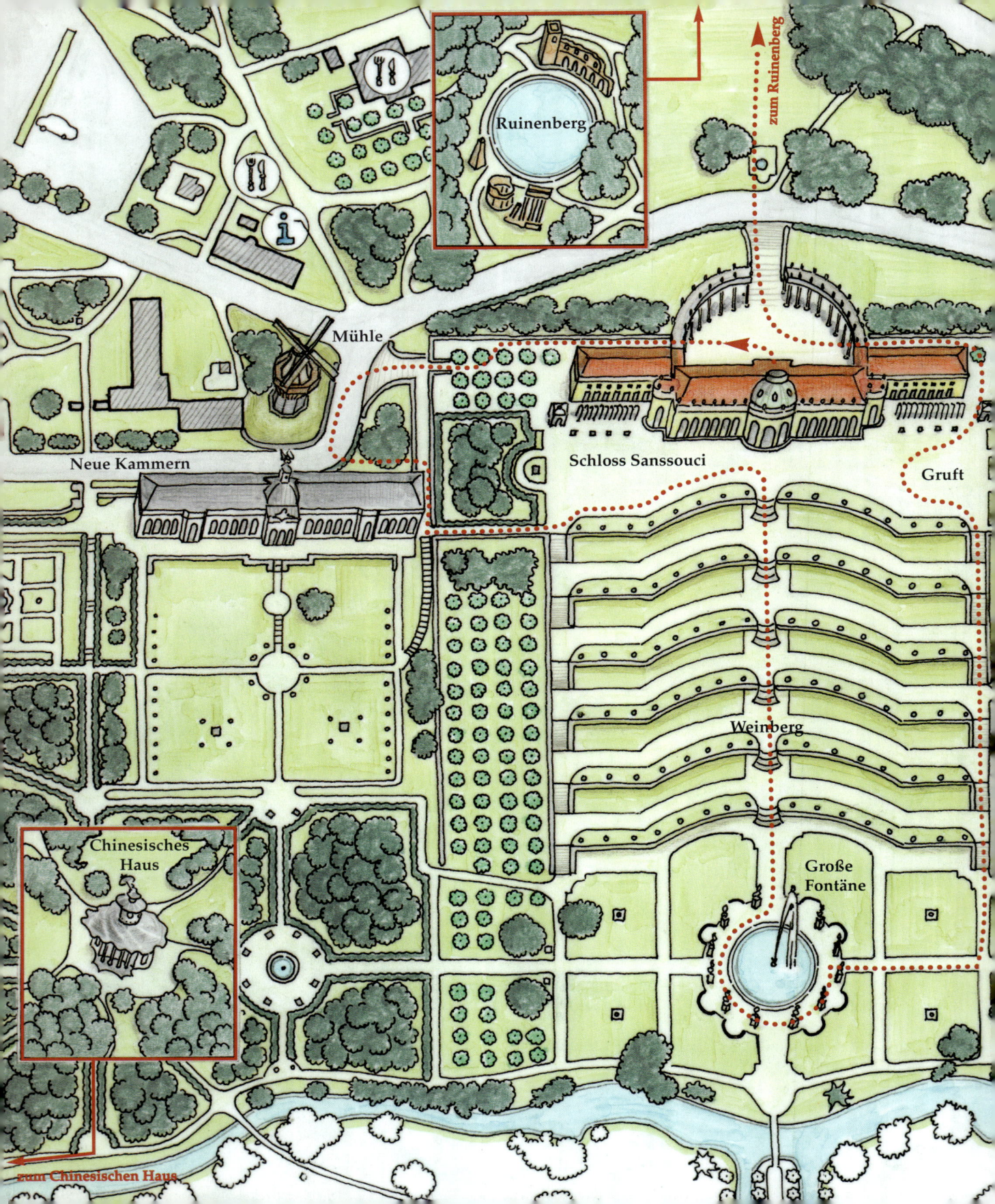

Hurra, ...

... nun geht´s hinaus in den Park! Habt ihr Lust, mitzukommen? Wir zeigen euch eine **Mühle,** über die man sich so manch seltsame Geschichte erzählt. Den **Weinberg**, dessen Pflanzen aussehen, als wären sie mal eben beim Frisör gewesen. Und die **Große Fontäne** – einen Springbrunnen, den Friedrich nie springen sah. Wer dann noch Kraft hat, steigt mit uns auf einen **Berg voller Ruinen,** die mit purer Absicht dorthin gebaut wurden ...

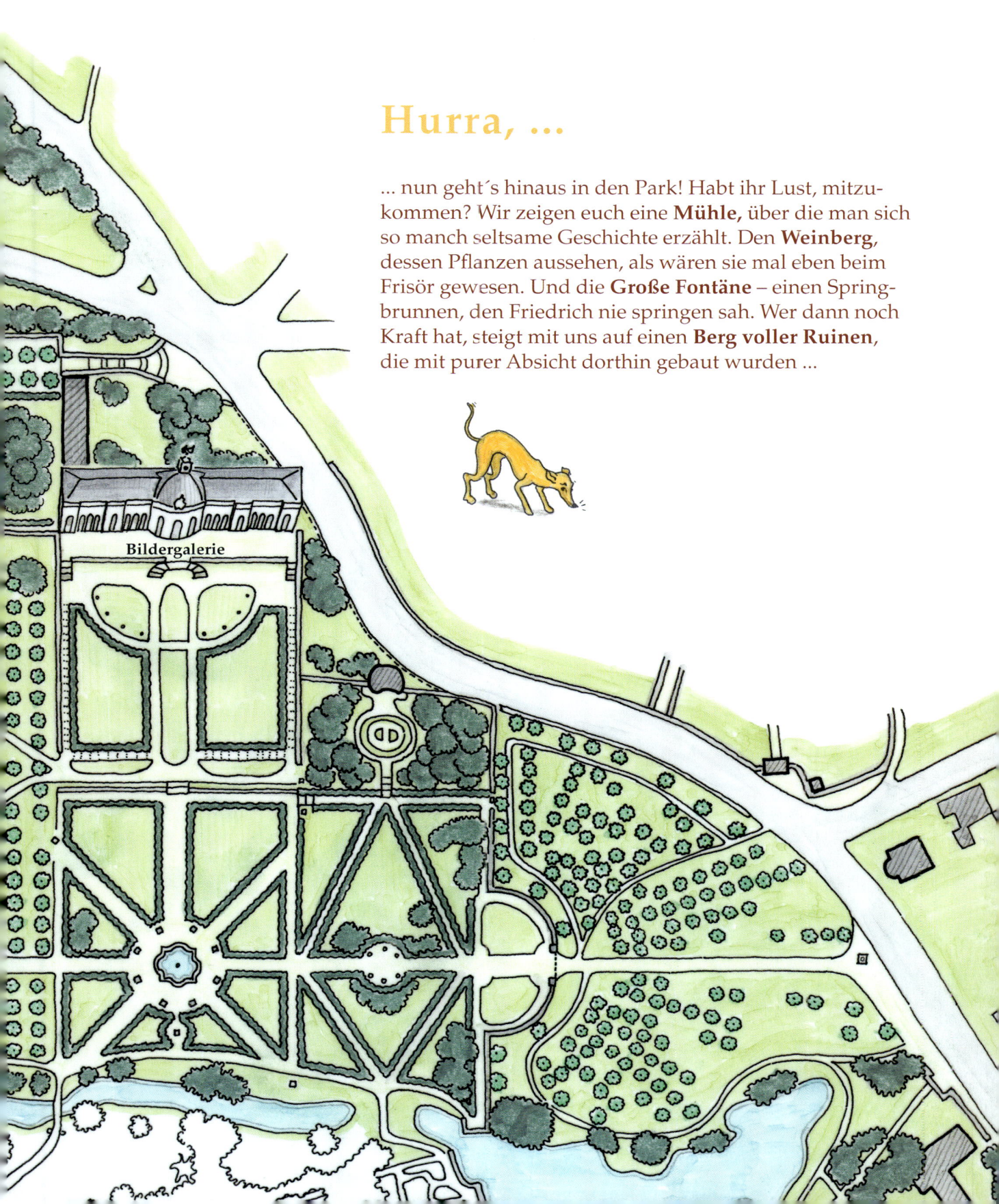

Es klappert die Mühle ...

... und das – oje – gleich neben dem Schloss! Noch zu Friedrichs Lebzeiten erzählte man sich, das Geklapper der Mühle habe den König in seinem Schloss so sehr gestört, dass er sie stilllegen wollte. So sei er zu dem Müller gegangen, um ihm die Mühle abzukaufen. Der Müller jedoch weigerte sich, auf den Handel einzugehen, denn das gute Stück war schon viele Jahrhunderte im Besitz seiner Familie. Und er zeigte dem König eine Urkunde, die das bewies. Da wurde der König ungeduldig: »Weiß er denn nicht«, rief er aus, »dass ich ihm kraft meiner königlichen Macht die Mühle einfach wegnehmen kann, ohne auch nur einen Groschen dafür zu bezahlen?« Doch da, so erzählte man sich weiter, habe der schlaue Müller unerschrocken geantwortet: »Gewiss, das könnten Eure Majestät wohl tun, wenn es, mit Verlaub gesagt, nicht das Kammergericht in Berlin gäbe.«

So hatte der Müller den König wohl mit seinen eigenen Waffen geschlagen! Friedrich selbst war es nämlich gewesen, der sich für freie und unparteiische Gerichte eingesetzt hatte. Vor ihnen sollten alle Menschen das gleiche Recht haben – egal, ob reich oder arm, dick oder dünn, König oder Müller. Das war damals keineswegs so selbstverständlich wie heute, denn gerade die ärmeren Leute hatten mit bestechlichen Richtern und ungerechten Urteilen zu kämpfen! Über das Vertrauen des Müllers in die neue Rechtssprechung soll Friedrich deshalb so erfreut gewesen sein, dass er von nun an in Frieden mit ihm und seiner klappernden Mühle lebte.

Das Lustige ist, dass die Geschichte gar nicht stimmt. In Wahrheit hatte der König nie ein Problem mit der Mühle – er fand sogar, dass sie gut zu seinem ländlichen Leben auf Sanssouci passte! Der Müller selbst hingegen war es, der sich beim König beschwerte, weil das Schloss seiner Mühle angeblich den Wind nahm. Der ›Volksmund‹ hat dann daraus und aus einem ganz anderen Rechtsstreit, der sich um den Besitzer einer Wassermühle und ungerechte Richter drehte, einfach diese Geschichte gemacht. So entstehen Legenden, und die sind ja oft auch viel schöner als die wahren Begebenheiten ...

Noch heute tragen Postkarten wie diese dazu bei, die Legende vom König und dem Müller von Sanssouci weiterzutragen. Hier zeigt der Müller dem König gerade seine Erburkunde.

Die erste Mühle stand hier bereits 1739, also sechs Jahre, bevor der König sein Schloss bauen ließ. Wann immer sie im Laufe der Jahrhunderte verfiel oder zerstört wurde, reparierte man die Mühle oder baute eine neue (zuletzt 1993) – denn ohne Mühle konnte man sich das Schloss schon bald nicht mehr vorstellen! Heute könnt ihr in der Mühle ein echtes Mahlwerk besichtigen.

Der Weinberg ist das Herzstück des Parks, der mit der Zeit immer größer wurde und sich wandelte. Denn auch die Gartenkunst hat so ihre Moden, und irgendwann waren statt der streng geometrisch angelegten Wege die Schlängelwege aus den englischen Gärten sehr beliebt. Achtet mal darauf, wenn ihr durch den Park geht!

Waschen, Schneiden, Legen

Einige der Pflanzen hier am Weinberg haben regelmäßig einen Termin beim Frisör. Denn so ein Leben am Schloss verpflichtet! Da gehört ein gutes Aussehen natürlich schon dazu. Die Taxuspflanzen bevorzugen den Schnitt ›Pyramide‹, den Orangen- und Lorbeerbäumen steht hingegen der ›Kugelkopf‹ etwas besser. Da stehen sie nun in Reih und Glied, um den Weinbergterrassen den richtigen Pfiff zu verpassen ...

Achtet mal darauf, wie die Taxuspyramiden euren Blick über die Terrassen hinweg zum Schloss lenken – fast wie Pfeilspitzen! So wie sie ist der ganze Weinberg genau auf das Schloss ausgerichtet (Bild links unten): Die Treppe in der Mitte zum Beispiel schwingt kreisförmig nach vorne, so wie es auch der kuppelgekrönte Marmorsaal in der Mitte des Schlosses tut. Die Weinbergterrassen wiederum machen eine Kurve nach innen, und die ist genau so breit wie das Schloss. An den Seiten schließlich wird der Berg von Rampen begrenzt, die geradewegs auf die Gitterlauben links und rechts vom Schloss zulaufen.

Im Barock* und Rokoko* liebte man diese französische Art, den Garten zu gestalten. Wie mit Zirkel und Lineal hat man hier damals die Wege, Terrassen und Rasenflächen angelegt – mit dem Ziel, den Blick einzig und allein auf das zu lenken, was hier im Mittelpunkt stand: das Schloss und mit ihm natürlich der Schlossherr! Weil die Natur sich aber nicht von alleine an rechte Winkel und gerade Linien hält, musste man ihr etwas nachhelfen – durch Schnitte, die aus den Pflanzen Skulpturen machten, oder durch Klemmen wie die hier rechts, die so manchem Baum zu geradem Wuchs verhalfen ... Noch heute kümmern sich regelmäßig mehrere Gärtner um das ›Waschen, Schneiden und Legen‹ der Pflanzen am Weinberg.

Der orangefarbene Punkt im unteren Bild zeigt an, wo heute der »Kuchenbaum« steht. Wie sein Name schon verrät, verströmt er im Herbst einen Duft, der einem das Wasser im Mund zusammenlaufen lässt ...

Heute könnt ihr den Park von mehreren Eingängen aus betreten – damals war das nur auf dem Weg durch den Ehrenhof und das Schloss üblich. Von der obersten Schlossterrasse hatte man einen herrlichen Blick in die weite Landschaft, denn damals war die Stadt noch nicht so nah an das Schloss herangewachsen (Bild rechts oben). Die Flächen links und rechts der Großen Fontäne waren von Buchsbaumhecken und farbigen Kieselsteinen geschmückt, die in ihrem Muster an eine feine Stickerei erinnerten. Heute befinden sich hier Rasenflächen, die im Frühjahr von über 20 000 Blumen gesäumt werden!

Wasser, marsch!

In einem Park gab es zu Friedrichs Zeiten nicht nur Wege, Grasflächen und Pflanzen, sondern auch Bänke, Skulpturen, kleine Gartengebäude und – Wasserspiele! Im Park von Sanssouci findet ihr deshalb nicht nur Wassergräben und Teiche, sondern gleich mehrere Springbrunnen.

Einer der größten von ihnen – die Große Fontäne – liegt direkt unterhalb vom Schloss. 132 Stufen führen von der obersten Schlossterrasse auf sie zu. Skulpturen und Sitzbänke stehen im Kreis um das Brunnenbecken herum und laden zum Schauen und Verweilen ein. Auf einen so schönen und kräftigen Wasserstrahl wie heute konnte man zu Friedrichs Zeiten allerdings nicht blicken, und das nicht nur, weil das Brunnenbecken ursprünglich viel kleiner war ...

»Wasser, marsch!«, rief damals so mancher der holländischen Gartenkünstler des Königs – doch nichts geschah. Mit Hilfe immer neuer technischer Erfindungen – etwa Feuermaschinen, einem Pumpensystem aus Windmühlen und vielem mehr – versuchten sie, die Springbrunnen in Gang zu setzen. Doch nie gelang es, soviel Wasser in das Sammelbecken auf dem Ruinenberg zu pumpen, dass der Druck für den Wasserstrahl an den Springbrunnen ausreichte. Eines Tages – wir erinnern uns noch genau: es war am Karfreitag des Jahres 1754 – schöpften wir neue Hoffnung, als der kleine Brunnen vor der Bildergalerie für fast eine Stunde sprudelte! ›Schuld‹ daran war aber leider keine tolle neue Erfindung, sondern anhaltender Regen und das Schmelzwasser des Schnees, den die Gärtner im Winter in das Becken gefüllt hatten.

Friedrich hat die Fontäne vor seinem Schloss nicht ein einziges Mal springen sehen. Immer wieder hatte er die falschen Leute beauftragt, die die damals durchaus schon bekannte Technik für Wasserspiele nicht wirklich beherrschten. Insgesamt kostete ihn der Spaß, der nie einer wurde, 160 641 Taler, 10 Groschen und 1 Pfennig – soviel wie 37 Bürgerhäuser!

Erst 56 Jahre nach Friedrichs Tod sprudelte hier die erste Fontäne ...

 Dieser Gott ist schlau und kann sehr viel. Er hat nicht nur die Flöte und die Leier erfunden, sondern ist auch der geflügelte Götterbote, der die Wanderer und Reisenden beschützt und Glück und Reichtum bringt. Weil er soviel unterwegs sein muss, trägt er einen äußerst praktischen Reisehut mit Flügeln und geflügelte Sandalen, die er sich hier gerade anlegt. Ihm zu Füßen liegt sein Zauberstab, um den sich Schlangen winden. Ist er euch auf Seite 53 nicht schon mal begegnet? Dann wisst ihr jetzt bestimmt auch, wie der Gott heißt ...

Gartenvolk aus Stein

Im Park ist jede Menge los. Denn wo immer ihr um die Ecke biegt, trefft ihr auf Tiere, Menschen oder Götter, die – obwohl aus Stein – doch ganz schön lebendig wirken. Mehr als einhundert dieser Skulpturen gibt es hier! Sie spielen Entführung, trinken Tee oder machen Musik, erinnern an berühmte Könige, Feldherren und Philosophen oder an die alten Götter- und Heldensagen.

Besonders um die Große Fontäne hat sich alles versammelt, was Rang und Namen hat in der Götterwelt. Doch ihren Auftritt bekamen die steinernen Damen und Herren erst so nach und nach. Angefangen hat es damit, dass der französische König Ludwig XV. Friedrich ein ganz besonderes Geschenk machte: die vier Skulpturen, die ihr hier ausgeschnitten abgebildet seht. Sie stammen von den beiden berühmten französischen Bildhauern Jean-Baptiste Pigalle und Lambert Sigisbert Adam und waren von Ludwig eigentlich für den

Die Jagd ist vorüber, und die beiden jungen Naturgöttinnen hängen den toten Reiher an einem hohen Baumstumpf auf. In luftigen Höhen schwirrten ihre Pfeile, um den fliegenden Vogel zu treffen, und so wurde diese Skulpturengruppe auch »Die Luft« genannt.

  Ganz nackt präsentiert sich uns diese Göttin, damit wir sehen, wie wunderschön sie ist. Nicht zufällig hat sie zwei Tauben bei sich, die sich küssen und lieb haben ... Wer könnte diese Göttin sein?

 Zwei Wassergöttinnen haben bei ihren Fischzügen eine unverhoffte Beute gemacht: Ein kleiner Knabe mit Fischschwanz – ein so genannter Triton – zappelt in ihrem Netz und bereitet den beiden viel Vergnügen. Nicht zufällig heißt diese Gruppe »Das Wasser«.

Garten seines eigenen Sommerschlosses bestimmt. Aber sind die Dinge, die man am liebsten für sich behalten würde, nicht die besten Geschenke?

Weil Friedrich das zu schätzen wusste, bekamen die vier Skulpturen den Ehrenplatz an der Fontäne direkt vor seinem Schloss. Und damit sie nicht so alleine dastanden, gab er bei seiner Hofbildhauerwerkstatt noch acht weitere Figuren in Auftrag. Die meisten von ihnen stellen Götter dar, doch mit den beiden Skulpturen, die ihr unten seht, hat es noch etwas anderes auf sich. Was, das finden gute Spürnasen wie ihr bestimmt gleich selbst heraus!

  Erst durch diese beiden Skulpturen, die Friedrich bei den Hofbildhauern in Auftrag gab, waren die vier Elemente Erde, Wasser, Feuer und Luft komplett. **Bekommt ihr heraus, für welches Element sie stehen?** (Tipp: Achtet auf die Dinge, die die Figuren bei sich haben: einen Pflug und ein in Vulkans heißer Höhle geschmiedetes Schild ...)

Blick zurück nach vorn

Zum Schluss führt ein kleiner Spaziergang euch noch hinauf zum Ruinenberg. Von hier aus hat man einen herrlich weiten Blick in den Park und kann sich alles noch mal ein wenig von oben betrachten!

Ein riesiges Wasserbecken thront auf der Anhöhe. In ihm wird das Wasser für sämtliche Springbrunnen im Park gesammelt – insgesamt über 4000 Kubikmeter, also etwa soviel wie für 8000 Badewannen! Rings um das Becken stehen Ruinen. Ist der große, verfallene Rundbogen nicht vielleicht der Rest eines einstmals hier stehenden Amphitheaters – ähnlich dem berühmten Kolosseum in Rom? Fast meint man noch die klirrenden Schwerter zu hören, mit denen die Gladiatoren dort vor Publikum miteinander kämpften. Auch das antike Tempelchen und die kleine Pyramide erinnern an längst vergangene Zeiten ... Aber wie gehören diese Dinge zusammen? Und was war nun zuerst da: das Amphitheater, der Tempel, die Pyramide oder das Becken?

Die Antwort ist: Friedrich ließ alles gleichzeitig dorthin bauen. Die Ruinen stammen also nicht aus alter Zeit, sondern sind nur ›auf alt gemacht‹: Es sind so genannte künstliche Ruinen. Sie sollten nicht nur den Ausblick vom Ehrenhof des Schlosses auf den Berg ein bisschen verschönern (denn wer schaut schon gerne auf ein nacktes Wasserbecken?). Sondern auch zum Träumen anregen!

Und so wie Friedrich es liebte, bei den Ruinen zu sitzen und sich in ferne Zeiten zurückzuträumen, so könnt auch ihr hierher kommen, den Blick über den Park schweifen lassen und euch in Friedrichs Zeit zurückträumen: zum geschwätzigen Weinvolk auf der Gartenseite des Schlosses, zu Flora und den Spinnen, zu den Blindekuhspielern und den Chinesen und zu den liebsten Begleitern des Königs – seinen Hunden.

Wer dann noch eine Weile länger im Sanssouci-Reich bleiben möchte, für den gibt es hier noch jede Menge zu entdecken … Zum Beispiel:

▶ ein Schloss, das über zweihundert Zimmer hat und einen Saal voller Muscheln und Edelsteine …   Neues Palais
▶ ein paar sehr nette Drachen, bei denen ihr eine Rast einlegen könnt …   Drachenhaus
▶ einen kleinen Tempel, der einer ganz besonderen Freundschaft gewidmet ist … Freundschaftstempel

… und noch viel, viel mehr!
Was, das zeigt euch die Übersichtskarte auf der nächsten Seite.
Das Lexikon verrät euch mehr zu den einzelnen Ausflugszielen.

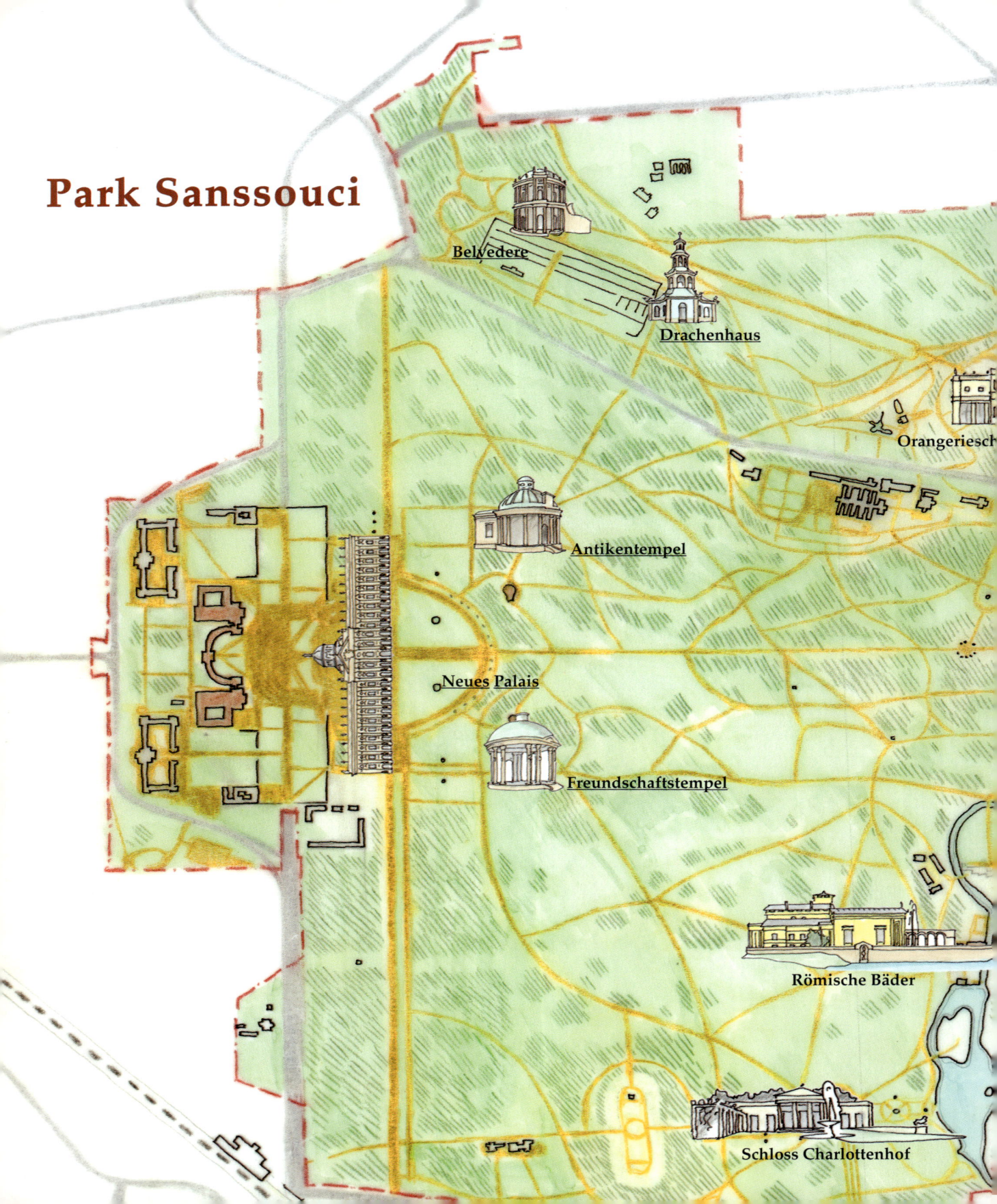

Die unterstrichenen Gebäude hat Friedrich erbauen lassen (außer der Mühle, die stand schon vorher da).
Die anderen Gebäude stammen aus späterer Zeit.
Mehr über sie alle erfahrt ihr im Lexikon auf Seite 78-82.

Zu guter Letzt

Heute, zwei Jahrhunderte später, ist Schloss Sanssouci ein Ausflugsziel für Besucher aus aller Herren Länder. Und so manch einer fragt sich, was wohl aus Alkmene, Hasenfuß und all den anderen wurde. Friedrichs Hunde liegen an einem ganz besonderen Ort begraben, der euch verrät, wie sehr sie dem König ans Herz gewachsen waren: nämlich direkt neben seiner eigenen Gruft – auf der obersten Schlossterrasse im Schatten der liegenden Flora. Ein geheimnisumwobener Ort, den ihr auf Seite 12 ja bereits kennen gelernt habt ...

Wind und Regen haben die Inschriften auf den Hundegräbern fast unleserlich gemacht. Die Grabplatte Friedrichs des Großen hingegen wirkt noch ziemlich neu, und das nicht ohne Grund. Denn sein Wunsch, hier oben am Schloss begraben zu werden, erfüllte sich erst 205 Jahre nach seinem Tod, im Jahr 1991!
Friedrichs Nachfolger fand nämlich das Gruftgemäuer auf dem Weinberg nicht würdig genug für die Bestattung eines Königs. Also ließ er Friedrich in der Potsdamer Garnisonkirche neben seinem Vater beisetzen. 1943 – also im Zweiten Weltkrieg – brachte man den Sarg zum Schutz vor Bomben in ein Versteck, und von dort aus gelangte er über viele andere Stationen neun Jahre später auf die Burg Hohenzollern zu Friedrichs Nachfahren. Der Chef des Hauses Hohenzollern, Prinz Louis Ferdinand, versprach, dass der Sarg nach Potsdam zurückkehren werde, wenn das durch den Krieg geteilte Deutschland eines Tages wieder vereint sein sollte.

Die Wiedervereinigung kam, und mit ihr erfüllte sich endlich Friedrichs Wunsch, auf dem Weinberg von Sanssouci begraben zu werden – und zwar genau am 17. August 1991, seinem 205. Todestag. Und so sind nun nicht nur die beiden Teile Deutschlands wieder vereint, sondern auch Friedrich und seine Hunde. Ein passendes Ende für die Bewohner der »Sanssouci«-Welt, findet ihr nicht auch?

Kleines Lexikon

Alkoven Nische oder kleiner, oft fensterloser Nebenraum, in dem das Bett steht.

Antikentempel Diesen kleinen Tempel ließ Friedrich der Große 1768-69 von Karl von Gontard erbauen, um darin seine Sammlung antiker Kunstwerke zu präsentieren. Heute findet ihr hier die marmorne Liegefigur der Königin Luise, die ihr Ehemann König Friedrich Wilhelm III. im Jahr 1828 feierlich enthüllte. Friedrichs Antikensammlung kam ins Museum nach Berlin.

Architekt Jemand, der Bauwerke entwirft, plant und deren Bau überwacht.

Barock Zeitabschnitt von etwa 1600 bis 1750. Das Wort »barocco« kommt aus der portugiesischen Sprache und bedeutet soviel wie »unregelmäßige Perle«. Damit sind die prachtvollen, schwungvoll-bewegten Formen gemeint, mit denen man in dieser Zeit Kirchen und Schlösser von oft ungeheuren Ausmaßen auszuschmücken begann. Die reichen Verzierungen und die Größe der Gebäude sollten die Macht Gottes und der durch ihn eingesetzten Könige zum Ausdruck bringen.

Basen [Einzahl: Basis] Fuß einer Säule oder eines Pfeilers.

Belvedere Der klangvolle Name dieses kleinen Gartengebäudes kommt aus der italienischen Sprache und bedeutet so viel wie »schöne Aussicht«. Und die hat man auch, wenn man vom Belvedere aus in den Park blickt! Errichtet wurde das

Belvedere zwischen 1770 und 1772 von Friedrichs Baumeister Georg Christian Unger.

Bildergalerie An ihrer Stelle stand zunächst ein Gewächshaus. 1755-63 ließ Friedrich dann von Johann Gottfried Büring die Bildergalerie erbauen, weil es in der Kleinen Galerie des Schlosses nicht mehr genug Platz für seine ständig wachsende Bilder- und Skulpturensammlung gab. Mehr dazu auf Seite 46.

Büste Plastische Darstellung eines Menschen, bei der nur Kopf, Schultern und manchmal auch noch die Brust zu sehen sind.

Chinesisches Haus Das Gartenhaus mit den vergoldeten Chinesen ließ Friedrich 1754-57 von Johann Gottfried Büring erbauen. Von außen habt ihr es ja bereits kennen gelernt (Seite 49-53). Auch innen ist es wunderschön verziert: mit gemalten Affen, Papageien und weiteren Chinesen, die – über ein Geländer gebeugt – von der Decke zu uns herabblicken. Einstmals kam hier die Hofgesellschaft zu heiteren Teestunden und kleinen Abendessen zusammen.

Drachenhaus Sechzehn Drachen wohnen auf dem Dach dieses ungewöhnlichen Hauses, das 1770-72 von Karl von Gontard errichtet wurde. Obwohl man bei seinem Anblick an ein fernes Märchenreich denkt, diente es zu Friedrichs Zeiten lediglich als Wohnung für den Weinbauern. Er bewirtschaftete den gleich neben dem Haus gelegenen Weinberg. Heute lohnt es sich, auf dem Weg durch den Park eine kleine Rast bei den Drachen einzulegen, denn im Innern des Hauses befindet sich mittlerweile ein Café.

Freundschaftstempel Er entstand 1768 gleichzeitig mit dem ►Antikentempel und ist einer ganz besonderen Freundschaft gewidmet: der zwischen Friedrich und seiner Lieblingsschwester Wilhelmine, die im Jahr 1758 gestorben war. Oft wanderte Friedrich durch den Park hierher, um sich an sie und die gemeinsamen glücklichen Stunden zu erinnern. Wie Wilhelmine aussah, zeigt die Statue im Innern des Tempels.

Friedenskirche Sie wurde von Ludwig Persius und Friedrich Wilhelm IV., einem Nachfolger Friedrichs, gemeinsam entworfen und ab 1844 erbaut. Im Gegensatz zu Friedrich war Friedrich Wilhelm IV. ein gläubiger Mensch, und deshalb wollte er dem Schloss »ohne Sorge« eine Kirche des »Friedens« gegenüberstellen. Später ließ er noch einige andere Gebäude wie das Pfarr- und Schulhaus zur Kirche hinzubauen. Friedrich Wilhelm IV. und seine Frau Elisabeth wurden in der Gruft der Kirche begraben.

Historische Mühle Viele Mühlen standen bereits an dieser Stelle – auf Seite 65 habt ihr bereits einiges dazu erfahren. Der Entwurf für die heutige Mühle stammt von dem Holländer Cornelius

Wilhelm van der Bosch. Sie wurde im Zweiten Weltkrieg zerstört und 1993 wieder aufgebaut.

Inventarliste Sie führt alle zu einem Haus oder Betrieb gehörenden Einrichtungsgegenstände und Vermögenswerte auf.

Kapitell [lateinisch »capitellum«: Köpfchen] Kopfstück einer Säule oder eines Pfeilers mit zum Teil sehr unterschiedlichen Schmuckformen: Blättern, kleinen Figuren, Schneckenformen und vielem mehr.

Klassizismus Zeitabschnitt von etwa 1770 bis 1830, in dem die Menschen nicht mehr allein auf Gott oder den König vertrauten, sondern auf ihr eigenes Wissen und Denken. In der Baukunst ersetzen nun rechte Winkel und gerade Linien die prachtvollen, geschwungenen Schmuckformen von ► Barock und ► Rokoko. Neues Vorbild war die klassische antike Kunst, ihre Tempel und Skulpturen.

Neptungrotte Die Neptungrotte ist ein Springbrunnen von den Ausmaßen eines kleinen Gebäudes, in dessen Innerem sich eine Höhle befindet. Hoch oben auf dem Gebäude steht der Meeresgott Neptun mit seinem Dreizack in einer riesigen Muschel, und an den Seiten plätschert das Wasser über mehrere Marmorschalen. Erbaut wurde die Neptungrotte 1751-57 nach einem Entwurf von Georg Wenzeslaus von Knobelsdorff – demselben Baumeister, der auch Sanssouci entworfen hat!

Neue Kammern Das Gebäude wurde 1747 von Friedrichs Baumeister Knobelsdorff als Orangerie errichtet – also als ein Gewächshaus, in dem die Orangenbäume und andere frostempfindliche Pflanzen den Winter über blieben. 1771-74 ließ Friedrich sie dann von Georg Christian Unger zu einem Gästewohnhaus umbauen, den so genannten »Neuen Kammern«. Die prächtig geschmückten Säle sind jedoch weitaus mehr als nur ›Kammern‹ und lohnen den Besuch!

Neues Palais [sprich: palä] Dieses riesige Schloss ließ Friedrich 1763-69 erbauen, um der Welt vorzuführen, dass sein Staat auch nach den drei Schlesischen Kriegen nicht am Ende seiner Kräfte, sondern ganz im Gegenteil groß und mächtig sei. Die Pläne für diesen »Palast« (französisch: Palais) lieferten Johann Gottfried Büring, Heinrich Ludwig Manger und Karl von Gontard. Mit über 200 Zimmern diente es als Gästeschloss, in dem die königlichen Besucher bequem auch längere Zeit wohnen konnten. Neben Festsälen, die beinahe Hallen gleichen, gibt es hier auch einen Saal, der über und über mit Muscheln und Edelsteinen geschmückt ist, und sogar ein Theater! In den Gebäuden gegenüber vom Neuen Palais, den so genannten »Communs«, waren die Küchen und die Wohnungen für Bedienstete untergebracht.

Orangerieschloss Dieses Gebäude, das Friedrich Wilhelm IV. 1851-64 durch seine Baumeister Ludwig Persius, Friedrich August Stüler und Ludwig Ferdinand Hesse errichten ließ, vereint ein Schloss mit einer Orangerie – also zwei Hallen, in denen die Orangenbäume und andere frostempfindliche Pflanzen den Winter über untergebracht waren. Von außen erinnert es an italienische Paläste, die der König während einer Italienreise kennen und lieben gelernt hatte. Er selbst hat das Schloss jedoch nicht mehr bewohnt, denn er starb, bevor es fertig wurde. Später wurde das Schloss nur wenig genutzt, und deshalb ist in seinem Innern noch vieles im ursprünglichen Zustand!

Rocaille [sprich: rokaij, französisches Wort für »Muschelwerk«] Verzierung, die in ihrer Grundform an den Buchstaben »c« oder an eine Muschel erinnert. Siehe dazu auch Seite 20.

Römische Bäder Wer diese Gebäudegruppe besucht, muss unweigerlich an Italien denken – das Land, das einer der Nachfolger Friedrichs, Friedrich Wilhelm IV., so sehr liebte. Deshalb ließ er 1829-40 von Karl Friedrich Schinkel und Ludwig Persius auch die »Römischen Bäder« errichten. Zu ihnen gehört eine Villa mit Turm, in dem der Hofgärtner wohnte, und ein Gehilfenhaus. Im Innenhof befindet sich das eigentliche »Römische Bad«, das einem römischen Wohnhaus nachgebildet ist. Es war jedoch nie dafür gedacht, um darin zu wohnen oder womöglich zu baden, sondern diente als eine Art Museum zur Erinnerung an Italien.

Rokoko Zeitabschnitt von etwa 1730-80. Der Name »Rokoko« leitet sich von dem französischen Wort ➤»Rocaille« ab. Damit ist die zarte, feingliedrige Muschelform gemeint, die die Bauten im Rokoko schmückt. Nach dem ➤Barock mit seinen prunkvollen, wuchtig verzierten Bauformen bevorzugten Fürsten und Könige nun kleinere Schlösser mit feinen, verspielten Innenraumdekorationen. Auch die Farben an Wänden und Decken wurden heller und freundlicher.

Ruinenberg Über ihn könnt ihr auf Seite 72 mehr erfahren. Erbaut wurden die Ruinen 1748 von Georg Wenzeslaus von Knobelsdorff und Innocente Bellavite. Der Normannenturm, von dem aus man eine wunderbare Aussicht hat, kam erst unter Friedrich Wilhelm IV. 1845/46 hinzu.

Schloss Charlottenhof Dieses zu einem kleinen Schloss umgebaute Gutshaus war ein Geschenk König Friedrich Wilhelms III. an seinen Sohn und dessen Frau Elisabeth. Ursprünglich gehörte das Gutsgelände einer Charlotte von Gentzkow, und das gab dem kleinen Schlösschen später seinen Namen: Charlottenhof. Um den Umbau, der in den Jahren 1826-29 erfolgte, kümmerte sich einer der berühmtesten Baumeister des ➤Klassizismus: Karl Friedrich Schinkel. Und der Gartenkünstler Peter Joseph Lenné sorgte dafür, dass der Gartenbereich rund um Charlottenhof – nach englischer Mode gestaltet – zu einem der schönsten des ganzen Parks wurde!

Schloss Sanssouci Erbaut in den Jahren 1745-47 von Georg Wenzeslaus von Knobelsdorff, diente es Friedrich dem Großen über vierzig Jahre als Sommerwohnsitz. 1786 starb er hier im Alter von 74 Jahren. Danach bewohnten seine Nachfolger Friedrich Wilhelm II., III. und IV. zeitweise das Schloss. Die größten baulichen Veränderungen erfolgten unter Friedrich Wilhelm IV. zwischen 1840 und 1842: Er ließ die Wirtschaftsflügel links und rechts vom Schloss verlängern und von Ludwig Persius und Ferdinand Hesse zum so genannten »Damenflügel« und zu einer Schlossküche umbauen (mehr dazu auf Seite 17). Seine Witwe war die letzte Bewohnerin des Schlosses. Nach ihrem Tod im Jahr 1873 wurde Sanssouci zum Museum.

Schloss Sanssouci (Künstler) Georg Wenzeslaus von Knobelsdorff entwarf – nach den Vorgaben Friedrichs des Großen – das Schloss und die Innenräume. Johann August Nahl war der Chef für die Verzierungen, die Brüder Hoppenhaupt kümmerten sich um die Holzschnitzereien und die Bildhauer Johann Peter Benckert, Georg Franz Ebenhech und Friedrich Christian Glume um den plastischen Figurenschmuck. Dazu kamen die ➤ Stuckateure Carl Joseph Sartori und Johann Michael Merck sowie die Möbelbauer Melchior Kambly und die Brüder Spindler. Sie alle haben dazu beigetragen, aus Sanssouci ein Kunstwerk zu machen – und arbeiteten dabei so eng zusammen, dass man heute oft nicht mehr genau sagen kann, welche Idee von wem stammt und wer sie ausführte.

Stuck Eine Masse aus Gips, Sand, Wasser und gemahlenem Kalk oder Marmor, aus der ➤ Stuckateure plastische Verzierungen für Decken und Wände formen.

Stuckateur Ein Arbeiter oder Künstler, der mit ➤ Stuck arbeitet. Säulen, ganze Figuren, aber auch feinste Verzierungen können aus Stuck bestehen. Für die Wandverzierungen trugen Stuckateure im ➤ Rokoko den feuchten Stuck auf die Mauer auf, formten (teilweise mithilfe von Schablonen) Blätterranken, kleine Figuren und ➤ Rocaillen daraus und bedeckten sie anschließend mit Farbe oder Gold.

Vestibül Vorhalle eines Hauses. Siehe dazu auch Seite 22.

Des Rätsels Lösung

Seite 13 Das Schloss ist auf dem Gemälde schon fertig gebaut. Und auch die Flora-Statue ist zu sehen, obwohl Friedrich diese erst 1749 aufstellen ließ. Vermutlich kannte der Maler die Baugeschichte nicht so ganz genau – oder er fand, dass das so einfach schöner aussah!

Seite 17 Die gesuchten Zimmer sind: Bibliothek, Kleine Galerie, Konzertzimmer.

Seite 27 Die Kinder auf dem Bild ganz links spielen mit Hammer und Meißel, Stift und Zeichenbrett: Sie führen die Baukunst vor. Globus und Fernrohr auf dem Bild daneben stehen für Erd- und Sternenkunde. Für Malerei und Bildhauerei (ein Bild weiter rechts) benötigt man Staffelei, Palette, Malstock, Hammer und Modellierstäbchen. Die Blas-, Tasten- und Zupfinstrumente der kleinen Gesellschaft auf dem Bild rechts außen stehen für die Musik.

Seite 39 Natürlich gibt der Künstler die Möbel nicht ganz exakt wieder, denn es ging ihm ja vor allem darum, die Todesstunde des Königs und die Trauer der Hinterbliebenen zu zeigen. Trotzdem finden gute Spürnasen folgende Möbel in Friedrichs Arbeitszimmer wieder:
1. den Sterbesessel mit dem Beistelltisch,
2. den Dokumentenschrank mit Uhraufsatz, 3. den Stellschirm.

Seite 54 Der Mandarin hat sich im Spiegel versteckt.

Seite 56 Den Dokumentenschrank mit Uhraufsatz kennt ihr bereits aus dem Arbeitszimmer des Königs (Seite 37).

Seite 60 Friedrich und Voltaire spazieren gerade durch die überdachte Säulenhalle an der Vorderseite des Schlosses, die ihr auf Seite 19 kennen gelernt habt.

Seite 70 Der Name des Gottes ist Merkur. Er hat seinen Zauberstab, den Caduceus, bei sich.

Seite 71 oben Die nackte Göttin mit den beiden Tauben ist Venus, die Göttin der Schönheit und der Liebe.

Seite 71 unten Die linke Gruppe zeigt Ceres, die Göttin der Feldfrucht, die den jungen König Triptolemos das Pflügen lehrt: »Die Erde«. Die rechte Gruppe zeigt Venus beim Betrachten eines frisch über den Flammen geschmiedeten Schildes, den sie bei dem Gott Vulkan in Auftrag gegeben hat: »Das Feuer«.

Adressen & Hinweise

Schloss Sanssouci findet ihr in Potsdam, an der Straße »Zur Historischen Mühle«. Direkt gegenüber der Mühle liegt das Besucherzentrum, in dem euch alle Fragen nach dem Weg, nach Führungen, Öffnungszeiten und vielem mehr beantwortet werden:

Besucherzentrum der Stiftung Preußische Schlösser und Gärten Berlin-Brandenburg
An der Historischen Mühle
Postfach 60 14 62
14414 Potsdam
Infotelefon: 0331-9694-202
Internet: www.spsg.de

Fahrverbindung: Von den Berliner Bahnhöfen fährt der Regionalexpress bis Potsdam Hauptbahnhof. Von dort und innerhalb von Potsdam führt der Bus 695 zum »Schloss Sanssouci« (weitere Haltestellen: »Orangerieschloss«, »Neues Palais«). Wer direkt zum Neuen Palais will, kann auch mit dem Regionalexpress zum Bahnhof »Potsdam Park Sanssouci« fahren.

Öffnungszeiten: Viele Gebäude im Park sind nur im Sommer geöffnet, in der Regel zwischen dem 15. Mai und dem 15. Oktober jeweils von 10 bis 17 Uhr. Manche haben montags oder freitags geschlossen. Wer ganz sicher gehen will, erkundigt sich am besten vorher telefonisch im Besucherzentrum!
Die Öffnungszeiten für Schloss Sanssouci sind: April bis Oktober 9-17 Uhr, November bis März 9-16 Uhr, Montag geschlossen. Sanssouci ist nur mit Führung zu besichtigen; die Eintrittskarten gibt es an der Kasse im Museumsshop des Schlosses.

Führungen und Kurse für Kinder und Jugendliche finden nach Absprache unter der Telefonnummer 0331-9694-317 statt. Hier erfährt man auch mehr über Ferienveranstaltungen und das Angebot für Schulklassen, Leistungskurse und Projektgruppen. Jeweils montags werden regelmäßig alle 14 Tage Kurse für Kinder (ab sechs Jahren) und für Jugendliche angeboten. Und wer Lust hat, meldet sich beim Kinder- und Jugendclub Sanssouci e.V. an und nimmt an Ausflügen, Theaterspiel und vielem mehr teil:

Stiftung Preußische Schlösser und Gärten Berlin-Brandenburg
Abteilung Museumspädagogik
Postfach 60 14 62
14414 Potsdam
Tel. 0331-9694-197 oder -317
Fax 0331-9694-106

Bildnachweis

Umschlag: Georg Balthasar Probst, »Prospect des Königl: Lust-Schlosses Sans Soucy bey Potsdam von der Garten Seite«. Kolorierter Kupferstich, um 1747-1749.
Seite 2: Charles Sylva Dubois, Ansicht des Schlosses Sanssouci mit der Terrassenanlage. Gemälde, 1747.
Seite 8: Johann Gottfried Schadow, Statuette Friedrichs II. mit den zwei Windspielen. Bronze nach einem 1816 entstandenen Modell.
Seite 10: J. F. Schleuen, Sanssouci kurz nach Errichtung des Baues. Blick vom Park auf die Terrassen. Kupferstich, um 1750.
Seite 11: Friedrich der Große, Entwurf für die Terrassenanlage und den Grundriß des Schlosses Sanssouci. Zeichnung, 1744.
Seite 13: J. C. Frisch, Friedrich der Große und der Marquis d'Argens besichtigen den Gruftbau in Sanssouci. Gemälde, um 1802.
Seite 14: Friedrich Christian Glume, Sechsunddreißig Bacchantinnen- und Bacchantenherren. Fassadenskulpturen, 1745/46.
Seite 17 Transparent: Friedrich der Große, Entwurf für den Grundriß des Schlosses Sanssouci. Zeichnung, 1744.
Seite 19: Georg Balthasar Probst, »Prospect der hintern Seite des Königl: Lust-Schlosses Sans Soucy«. Kolorierter Kupferstich, um 1747-1749.
Seite 22: Johann Harper, Flora mit Genien. Deckengemälde (Ausschnitt), um 1746.
Seite 26: Die Tafelrunde, Ölgemälde von Adolph Menzel, 1850, 1945 verbrannt, Kopie von Joachim Tietze.
Seite 27: Georg Franz Ebenhech, Vier Figurengruppen. Stuck, 1748.
Seite 28: Friedrich Christian Glume, Vergoldetes Supraportenrelief mit Engeln. Stuck.
Seite 30: Friedrich der Große, eigenhändige Niederschrift des 1. Satzes der Flötensonate in h-moll, Faksimile.
Seite 30: Adolph Menzel, Flötenkonzert Friedrichs II. in Sanssouci. Gemälde, 1852.
Seite 38: J. H. Strack, Rekonstruktion des Schlafzimmers Friedrichs II. im Schloss Sanssouci. Aquarell, um 1845.
Seite 39: J. F. Bock, Der Tod des Königs. Kupferstich, 1786.
Seite 39 unten: Nachzeichnung der friderizianischen Wanddekoration, um 1930.
Seite 48: Jean-Baptiste Pater, Blindekuhspiel. Gemälde.
Seite 51: Johann Gottlieb Heymüller, Gruppe Tee trinkender Chinesen. Sandstein, vergoldet.
Seite 52: Benjamin Giese und Friedrich Jury, Sitzender Mandarin mit Schirm und Caduceus. Kupfer, vergoldet (oben); Johann Peter Benkert, Schellenspielerin. Sandstein, vergoldet (unten).
Seite 53: Johann Gottlieb Heymüller, Geigenspieler. Sandstein, vergoldet.
Seite 60: P. Haas, König Friedrich der Große und Voltaire unter den Kolonnaden von Sanssouci. Kupferstich, um 1800.
Seite 61: Friedrich Elias Meyer, Büste Voltaires. Biskuitporzellan, KPM Berlin, Modell 1774; Pierre Charles Baquoy, Friedrich II. besucht Voltaire in dessen Arbeitszimmer. Kupferstich, nach einem Gemälde von Nicolas André Monsiau.
Seite 66 unten: J. F. Schleuen, Schloss Sanssouci mit der Terrassenanlage. Radierung, um 1756.
Seite 67: Vorrichtung zur Begradigung des Stammes einer Kübelpflanze, aus: Steerbeeck, 1682.
Seite 70: Jean Baptiste Pigalle, Merkur. Skulptur, 1739, Kopie 1843 von Heinrich Berges (oben); Lambert Sigisbert Adam, Die Luft. Skulptur, 1749 nach dem Modell von 1739 (unten).
Seite 71: Jean Baptiste Pigalle, Venus. Skulptur, 1748, Kopie 1904 von Paul Hubrich (oben links); Lambert Sigisbert Adam, Das Wasser.

Skulptur, 1749 nach dem Modell von 1739 (oben rechts); Francois Gaspard Adam, Die Erde. Skulptur, 1758 (unten links); Francois Gaspard Adam, Das Feuer. Skulptur, 1756 (unten rechts).
Seite 72: J. F. Schleuen, »Prospect des Bassins, und der Ruinen, welche auf einem Berge, Sans-Soucy gegen über, befindlich«. Radierung, um 1775.

Bildarchiv Preußischer Kulturbesitz, Berlin
25 (Transparent), 26, 30 (2), 61 rechts
© K. Frahm/artur
42, 44, 56, 70 unten, 71 links unten
Rainer Gaertner/publicon Berlin 49
Kunst und Bild GmbH, Berlin 64
Jonas Maron, Berlin
6, 50-53, 66 oben, 69 (2), 70 oben, 71 oben (2), 71 rechts unten, 76, 77
Stiftung Preußische Schlösser und Gärten Berlin-Brandenburg
Umschlagabbildung, 2, 8, 9, 11; 12 (Roland Handrick), 13, 14, 15, 16, 17 (Transparent); 18 (Klaus Frahm); 19; 20-22 (Wolfgang Pfauder); 23 (Roland Handrick); 24 (Klaus Frahm); 25, 27, 28 (Wolfgang Pfauder); 29 (2), 31 (Roland Handrick); 32-35 (Wolfgang Pfauder); 37 oben (Daniel Lindner); 37 unten (2) (Wolfgang Pfauder); 38, 39; 43 (Klaus Frahm); 47 (Daniel Lindner); 48; 54, 57 (2) (Roland Handrick); 58 oben (2) (Klaus Frahm); 58 unten links; 58 unten rechts (Roland Handrick); 60; 61 links (Wolfgang Pfauder); 65; 66 unten; 72; 73 (Klaus Frahm)

2. Auflage 2003
© 2002 Nicolaische Verlagsbuchhandlung GmbH
Alle Rechte vorbehalten
Gestaltung: Pauline Schimmelpenninck, Berlin
Illustrationen: Andreas Schwark, Berlin
Lektorat: Bettina Hüllen, Berlin
Satz und Lithos: Mega-Satz-Service, Berlin
Druck: Medialis, Berlin
Bindung: Kunst- und Verlagsbuchbinderei Leipzig
Printed in Germany
ISBN 3-87584-170-0

Die Autorin
Cornelia Vossen, geb. 1969, studierte Kunstgeschichte und lebt in Berlin, wo sie als Fernsehjournalistin sowie als Autorin für Audioführungen arbeitet. Seit vielen Jahren führt sie Kindergruppen durch die Berliner Gemäldegalerie. Im Nicolai Verlag erschien 2000 von ihr der erfolgreiche Band »Die Gemäldegalerie Berlin für Kinder«.

Dank
Mein Dank gilt allen, die das Entstehen dieses Buches mit großem Einsatz und guten Ideen unterstützt haben, insbesondere

Waldtraut Braun, der Herausgeberin,
Henrik Adler, dem ersten Leser der Texte,
Pauline Schimmelpenninck, der Gestalterin,
Andreas Schwark, dem Illustrator
und – last but not least –
Bettina Hüllen, der Lektorin.

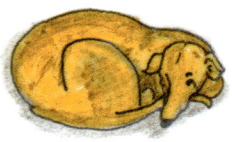

Zum Selberbasteln

2 Windlichter mit Windhunden

... für laue Sommerabende im Freien

Und so wird´s gemacht: Schneidet diese Seite mit einer Schere an den gestrichelten Linien auseinander, so dass zwei Papierstreifen entstehen. Jeden dieser Streifen klebt ihr an den Enden zu einem Ring zusammen, so wie die Zeichnung es zeigt. Stellt jetzt in die Ringe je ein Teelicht. Vorsichtig anzünden, und schon seht ihr im flackernden Kerzenlicht Windhunde springen!